理系男子の〝恋愛〟トリセツ

漫画 高世えり子
文 瀬地山角

SCIENCE BOYS
LOVE OPERATION MANUAL

晶文社

こんにちは
理系人間萌え属性をもつ
まんが家の高世えり子と申します
理系的センスがゼロの私は
理系畑の人々の言動がとにかくおもしろくて愛おしくてしかたなく
理系（IT系）脳の夫・N島氏とのトンチンカンな日常をエッセイまんがにしたりしています
これのおもしろいところはね（以下解説）
21才当時の夫・N島
初プレゼントで延長コードを贈られるの図
魚類コード
19才の私
!?
おもろ
アナタがおもしろいよ…
理系クン
文藝春秋
結婚できるかな？
新婚できるかな？
イクメン！できるかな？

そういう日々を送っていたある日
ん？ご依頼メール？
はじめまして。東京大学工学部丁友会という東大工学部の親睦団体の○○と申します。五月祭で「東大で理系の恋愛を語ろう」というセミナーを企画しており、講師としてぜひ高世さんに…
2人めにんぷ中
へ？
そして受験を考えたこともない東大の大教室の壇上にあがらせてもらいこんなことに
東大で理系の恋愛を語ろう
2013年5月
東大人気No.1教授
東大卒サイエンスライター
瀬地山角先生
内田麻理香先生
高世えり子
ひえ〜〜〜
萌え心だけでここまでくるとは…
TVや雑誌の取材もきた…
何百人もの人々!!
めちゃくちゃ緊張しましたがその企画の理系男子学生さんが司会をしつつ　こんな話を…
「東大生」ってだけで女子から興味をもたれはするんですけど本音で話すとみんな逃げていくんですよ
核融合発電のことを考えるのが今一番楽しい……とか
理系男だからモテないんでしょうか？
たんたんと…
つらつら

学生の頃の夫・N島クンとまるっきり同じ恋愛コンプレックスを抱えている!!
理系だからモテないんだよね〜〜
時間ないし
女子いないしわかんない
21才
2000年ごろ
びっくりー!!
21世紀の東大生でもそうなんだ…!?
普遍的な悩みなの…!?
研究で忙しいし女子はわからない
おっと
たん たん と…
そして、この司会クンを瀬地山先生、内田先生といじりたおして(?)セミナーは盛り上がりました
無敵だわー内田先生!
理系男子のそーゆー性格とかわかるし理系女子は耐性もあるのでモテましたね〜!
えへ
めっちゃたのしー
瀬地山先生のツッコミでどっかんどっかん
どっ!!
瀬地山先生
内田先生
高世
壇上での私は
自信持って大丈夫! 会話の出力調整さえすれば専門的な会話も武器になると思う!!
こんな私に言われてもうれしくないだろーけどキミも魅力的だから大丈夫!!
そーですか…
ただただ励ますしかできませんでしたが——
その後もずっと心にひっかかっていて
うーん
生まれた2人め
彼らの悩みのために何かできないだろうか…?

そう思い続けていたところ――
瀬地山先生を巻き込んであのセミナーのような理系男子やその彼女にエールを送る本を作りましょう！
編集さんから
わ――っ！念願が叶った――!!
瀬地山先生も講義で若い理系学生さんをたくさんご覧になり
先生！女の子っておならするんですか！
先生！「恋愛の練習試合」っておっしゃってましたがどこでできるんですかっ?!
← 瀬地山先生の講義を受ける学生さん
…………
ずっと彼らの幸せを切望していたのでした
そして、本書ができました
高世
理系男子像のまんが
瀬地山先生
理系男子の分析
ジェンダー論
アドバイス
より深くつっこんだ話を。
私も知りたかった話を先生が書いてくださっています！
よろしくお願いします！
論理クン代表
僕も似たような「論理クン」なもんでほっとけなくて…

理系男子の〃恋愛〃トリセツ　目次

3章 〃理系クンと愛を育てたい〃恋愛編

6章　〝理系クンとかわいい子供を育てたい〟育児編

1章

〝理系クン、君はなぜそうなの？〟

分析編

ふと気づいたら
「30代前半」「独身」「理系男子」でした
IT関連の会社開発チーム
あ、今日オレ誕生日じゃん
只野 理《おさむ》（32才）
独身
彼女なし
ぐるっ
男ばっかな職場
数少ない女性は既婚orカレシもち
＝《イコール》出会いなし
あれっ どうしてオレこんなになったんだっけ…？
理系職
独身
アラサー
んーと んーと

子どもの頃は
算数が得意で好きだったな
ドリルの穴埋めたのしー‼
一番早く解いてやる‼
答えがひとつって美しい‼
25÷5=5
97−83=14
61×□=183
99+98+97=□
50÷3=□
6×(3+87)=□
その半面、国語は好きじゃなかったな――
読解
この時の作者の気持ちを15文字で述べよ
…そんなの作者本人にしかわかんないだろ～？
作文
こんなに何書いたらいーんだろ…
でも勉強はやればできたから親のすすめで中学受験して――
おめでと――‼
母
制服似合ってるわよ――♪
そお？
成績優秀な中高一貫の男子校へ
男だけ～

中学では
ますます数学が
楽しくなって
きて――
解けたときの
快感!
公式は覚えれば
ムダなことは
ない!!
解
暗記だけの
社・国は
テキトー
合格点
とれればい
いーや
国 75
そのまま
楽しいから
理系コースを
選択して――
大学受験も
理系科目
大学も理系
(工学部)
なんとなーく
化学
物理
ぶっちおいでよ
数B
数Ⅲ
数C
また男ばっかり
うじゃ
うじゃ
大学も
気の合う
ヤローばっか
で――
理系学部内の
サークル(うどん部)
入部
ゼミでも サークルでも
男ばっかり～
○○先生の
必修
つらくね?
ノート
かえそか?
あハイ
ありがとー
ございまーす
キャピ
キャピ
女子のいるサークルを
尻目に

大学4年頃
もーちょっとこの分野研究したいかも
って思って大学院に進んで――
やっとおもしろくなってきた…
理系の学部生じゃ入門編までしかやんないしね院でやっとやりたい研究できたなー
んで、修士の頃
OBでリクルーターの先輩
うちの会社に就職しない？
あ します―
博士号まではとらなくていーや
って言われたから就職して――
――で、今にいたると。
実はこんな残業
勤続8年目
男ばっかの職場
徹夜つづき
納期ギリギリ
あれ？フツーに生きただけで「独身理系男」？

えっ…？
もしやオレ
このまま一生
彼女ナシ…!?
なんか急激にあせってきた!!
まじか!?
うそだろ!?
――だって
ずっと女子が
いなかったん
だもん!!
オレの周りに!!
へ？
どしたん
スカ!?
びくっ
ばん
隣の席の後輩
近藤クン
理系の学科
理系の職場――
なんでこんなにも
理系に女子が
不在なんだよ!?
いつになったら
俺の誕生日を
祝ってくれる
女子が…!?
でも
センパーイ
あ、今日
バースデー
なんスね～
女は理系に
向かないんじゃ
ないっスか～？
(注) 科学的には誤りです
へら
へら

!?
そんなことないだろ!?
だってブルガリアとか理系の女性が多いってニュースで聞いたことが…
センパイがさみしーなら合コンとかしましょっか？
パーっとバースデー祝いっス♪
ええっ!?
い…いく!!
いやいや日本の理系の男女比はやっぱり異常なんですよ——

理系男子は、素敵なレストランでなぜ塩の成分解説を延々と続けるの？

私は東大教養学部駒場キャンパスで教鞭をとり、ジェンダー論などを教えています。ある講義で、「学生時代の恋愛が必ず、結婚に結びつくわけではありません。みなさんが今している恋愛は、練習試合のようなものです」という話をしたところ、こんなリアクションがありました。

「先生、その練習試合はどこへ行ったらできるのでしょうか……」

「目の前にいるリア充たちがどうせ別れると思うと、胸がスカッとします」

ともに、理科1類の学生でした。東大の理系の男女比は9：1です。そのため、私は理1を「東京男子短期大学」などと表現していますが、言ってしまえば男子校です。

なかには、開成のような中高一貫の男子校から理1のコースをたどり、女性の知り合いは母親と妹だけ、ここ10年、他の女の人と話をしたことがない、なんて環境で育ってきた学生もいます。

「先生、女子もおならするんですね」と真顔で言う学生もいたほどです。

東大だけでなく、他の大学でも程度の差はあれ、理系学部の状況は同じでしょう。そして、大学院に進んでも就職をしても、男子校状態は続きます。学生時代、女子の多い華やかなサークルに入るとか、アルバイト先でネットワークを広げるなど意識的に動かなければ、理系男子に女性との接点は生まれません。

そんな彼らは、ときに奇妙に映るリアクションをします。「最近、なにしてるの？」と聞かれたとき。テレビや映画の話といった世間話ではなく、関心をもっていた核融合発電についてとうとうと語ってしまう。

突然、雨が降ってきたとき。相手が濡れているのも気づかず、気圧配置から、なぜ、今、雨が降り出したのかを嬉々として説明しはじめる（これは、私もやってしまったことがあります）。

レストランで肉に添えられた岩塩をありがたがる女性に、「何億年もかけて生成される間に海水の成分は分離され、岩塩にミネラルはほとんど含まれない」と解説して、しらけさせる。

典型的な「理系あるある」ですが、こうした理系男子ができあがる大前提に、圧倒的な女性への免疫不足、恋愛の練習試合不足があり、それは、彼らが歩んできた環境の異常な男女比に原因があります。

この本を手にとってくださっているのは、理系の彼の気持ちがよくわからないと悩む女性でしょうか？　それとも、恋愛に悩む理系男子当人でしょうか？

確かに理系男子は独特なコミュニケーションの作法を持ち、簡単には理解しがたい部分もあります。しかし、「知らない無理解」は知れば解決します。理系男子を知るために、まずは、理系男子をつくりあげる土壌、「異常な理系の男女比」について考えていきます。

理系に女子が少ないのは、「男女の生まれつきの差」って本当?

理系は男子ばかり、というのは、言い換えれば、理系に女性がいないということです。そのため、希少な女子はなにかあると、過剰なまでに注目され、「リケジョ」と持ち上げられます。

注目されること自体は悪いことだと思いませんが、メディアが「リケジョ」と持ち上げるとき、ルックスの評価も無関係ではないことは、みなさん、お気づきだと思います。

「理系は(むさくるしい)男ばかり」。だからこそ、その中の(かわいい)女子にスポットライトが当たる。「理系男子」同様、「リケジョ」を生み出すのも、理系の男女比のいびつによる固定観念が原因です。

理系学部に女子学生が増えれば、理系男子の練習不足も手っ取り早く解消され、リケジョが変な注目を集めることもなくなるのですが、なぜ、理系に女性が少ないのでしょうか?

そんなのあたりまえ。男性のほうが数字に強く、理系は男性の学問だから——そう考える人も多いと思います。しかし、けっして、そうは言い切れないのです。

OECD(経済協力開発機構)が進めている「PISA(Programme for International Student Assessment)」という調査があります。15歳児を対象に、学習到達度を国際的に比較調査するもので、読解力、数学と科学のリテラシー（正しく理解し、分析、説明できる力）という3つの分野について3年ごとに実施されています。

一般的には「国際学力テスト」と言われ、「日本の順位が上がった！」「脱ゆとり教育！」などと報じられたりしていますから、ご存じの方もいるかもしれません。

この2012年の調査結果を使って、数学的リテラシーと科学的リテラシーの平均点の男女差を、国ごとに比較した興味深い分析があります（舞田敏彦（公式HP）「データえっせい」2015年3月25日「理系リテラシーのジェンダー差の国際比較」）。その結果を見ると、確かに、日本をはじめ、イギリス、ルクセンブルクなどは、数学も科学も男子のほうが女子を上回っています。しかし、アメリカやフランス、ドイツでは、数学的リテラシーは男子が上になるもののその差はわずかで、科学に関してはほとんど、男女差はなし。それどころか、スウェーデンやフィンランド、ブルガリアなどは、科学的リテラシーも数学的リテラシーも女子が男子よりも勝っているのです。

なぜ、北欧の女子の理系リテラシーが高いのかはわかりません。しかし、少なくとも、この分析を見ると、理系への適性が、生物学的に性別で決まっているとは、簡単に言えないことがわかります。むしろ、社会的につくられたものだと考えるのが自然なのです。

理系の圧倒的な男女の比率は、もしかして日本の学校だけ？

アメリカの携帯電話キャリアの大手、ベライゾン・ワイヤレス社が、２０１４年６月に「Inspire Her Mind（彼女の心を刺激しよう）」というＣＭを発表しました。それは、こんな内容です。

幼い少女が、好奇心のおもむくまま、植物に手を伸ばし、海辺で大きなヒトデを捕まえ、ガレージで電動ドリルを手にします。しかし、大人たちは、そんな彼女に「そんなもので遊ぶな」「あぶない」「やめなさい」といった言葉を投げかけます。

そして、少し大きくなった彼女は学校で「ＳＣＩＥＮＣＥ　ＦＡＩＲ」と書かれたポスターを見つけますが、結局、ガラスを鏡にポケットから取り出したリップグロスを唇に塗り、友達とその場を去っていってしまう――。

このＣＭでは最後、こんなクレジットが画面に映し出されます。

66% of 4th grade girls say they like science and math. But only 18% of all college engineering majors are female.

小学４年生の少女の66％が理科や算数が好きだと言っているが、大学で工学を専攻する女子はたったの18％――

似たようなメッセージを、マイクロソフト社も2015年3月8日の国際女性デーに出しています。「Girls Do Science（女の子たちも科学する）」というタイトルのこのCMには、ウェブサイトの運営やコンピュータの自作など、すでに科学の分野で実績を積んでいる少女たちが登場します。

彼女たちは楽しそうに自分の作品を紹介しながら、同時に、「科学は男の子がするものだと言われる」と、息苦しさを語ります。最後、彼女たちそれぞれに、マイクロソフト社から「やり続けて」という応援メッセージが送られ、彼女たちは満面の笑みを見せます。

どうやら、理系に進む女子が少ないのは、日本だけの問題ではないようです。

PISAの分析が示すように、数学や科学が女子に向かないわけではありません。「理系は男子のもの」「女の子が理系に進むなんて」という社会的な価値観があって、それが再生産されているのです。数学や科学に興味を抱いても、「あぶない」「かわいげがない」と周囲から言われることで、「女の子はこれをすべきではない」「女の子はこうあるべきだ」というのを内面化してしまい、「向かない」と自分で思い込んでしまう。

そして、理系に進む女子はいつまでたっても少数派のため、規範がさらに再生産され……という循環が起きているのが、理系のいびつな男女比の大きな原因なのです。

世界の大学の中でも「東大には圧倒的に女子が少ない」の本当の理由は？

「理系＝男子」というのは、社会的につくられたものである——。

ジェンダー論の授業でこの話をしたところ、講義の感想に、「数学が苦手なのは、今日まで自分が女子だからと思っていました」というのもありました。思わず笑ってしまいましたが、女子が多少、数学や理科が苦手でも、「女の子だし」という言い訳が通用するのでしょう。一方の男子はそんな言い訳はできないので、しかたなくとも勉強をして、成績を上げていく。こうしたことも、女子の理系離れを助長しているのかもしれません。

少々、話は理系男子から外れますが、「いびつな男女比」というと、私の働く東京大学全体も同じ問題を抱えています。東京大学における理系の女子の割合は1割と言いましたが、大学全体でも女子学生は2割しかいません。私が学生のころは1割でしたので倍増していると言えなくもありませんが、大学としてさまざまな施策を講じているにもかかわらず、ここ10年、2割の壁を越えられないでいます。

一方、日本の地方大学を見ても、東大のような極端な男女比になっていませんし、世界のおもな大学を見ても、こんな現象は起きていません。東京大学はジェンダーの観点からも大きな問題を抱えているのです。

その原因としては、理系に女子学生が来ないというのと、地方出身者、浪人の受験生が少ないという3つの要因が考えられます。

意外に思われるかもしれませんが、今の大学生の親の世代でも、地方にはまだまだ、東京に子供を出すことへの心理的な抵抗があり、それは男の子と女の子では明らかに異なります。

地方出身の女子学生に聞くと、受験のとき、「東大」と「地元国立大」という併願をする学生が少なくありません。「東大なら東京に出してもいい、でも、浪人はダメ」と言われ、そのため必死で勉強をしたと彼女たちは言います。

もちろん、娘を一人で東京に出すという心配もあるでしょう。しかし、より大きいのは経済的な要因です。親のリソースも限られています。東京で一人暮らしをさせるとなれば、仕送りは最低でも7~10万円はかかります。

「お兄ちゃんなら、まあ、浪人もしかたない。東京にも行かせるけれど、あなたは地元で」

女の子はこう言われたりするわけです。

もちろん、東大だけが大学ではありませんし、地方で生きていく道もあります。しかし、女子だけが、女子だという理由だけで道を閉ざされてしまうのは、やはり見すごせない問題です。

婚活市場で大人気の理系男子だけど、本当に彼らは〝優良物件〟なの？

話を理系男子に戻しましょう。婚活市場で今、理系男子に人気が集まっているそうです。女性からすると、性格は真面目、仕事は専門職だから収入は安定。恋愛経験がないから女性側が主導権を握りやすい……といったところのようです。

しかし、一見、優良物件に見えても、彼らは圧倒的に練習試合が足りていません。私自身もそうだったので大きなことは言えませんが、実践でトライ&エラーを繰り返し、身につけるべき学習をしていないというのは問題です。

誰かと交際するとき、誰しも、自分にとっての「チェックリスト」のようなものがありますよね。経済力であったり、学歴であったり、外見だったり、人それぞれでしょうが、複数の項目から、相手を見ていくものです。

もちろん、そのチェックリストのすべてが、「オール5」になる人なんてまずいないわけで、一人ひとりの一長一短を比べながら、「手持ちの中でベストの人はこの人かな」とパートナーを決めていく。これは、女性も男性も同じだと思います。そして、この作業を繰り返し、いろいろな人を見ていくなかで、自分にとって決定的、絶対に譲れないポイントがわかってくる。

しかし、周囲に女性がいない、練習試合不足の理系男子は、言ってしまえば、ずっと空欄のままの「採点表」だけを握りしめてきたわけです。アイドルや二次元のキャラクターを採点表にかけている人もいるでしょうが、妄想を採点してもなんの役にも立ちません。

結婚は、「最高の人」を探すまでのゲームです。しかも、「まあ、裏もあるんだろうな」くらいの「あきらめ」を含みつつ、手持ちカードの中での「最高の人」なわけです。

チェックリストを厳しく採点して、慎重に選びすぎると、それはそれでいつまでたっても結婚に踏み切れないという別の問題がでてきます。しかし、比べる基準（チェックリスト）もロクに持たず、十分な比較検討もできないまま、結論を出した理系男子が、結婚したあと、あちこちの芝生の青さに目移りし始めることだってありえるわけです。

3章でくわしく述べますが、恋愛結婚が主流になったことで離婚がたやすくなりました。婚姻件数分の離婚件数は1998年以来、ずっと3割を超えています。離婚は驚異的な3割打者です。電車の席に座って、左右の人をチラッと見てみてください。あなたを含め、そのうちの1人は離婚をするか、している計算になります。

結婚の維持も考えると、相手として理系男子は最適！　と、無条件には言えません。理系男子とあなたが、互いに「最高の人」なのかは、やはり、練習試合によって少しずつわかっていくことなのだと思います。

自分の部屋になぜかホワイトボード 編

なにか問題が生じたとき、原因を詳らかにし、根本的に解決したい理系男子。「So Why?」「So What?」を探り、考えを整理するために彼らが多用するのがエクセル。そして、意外とこちらを愛用する人も。

情報システムが専門の理系男子の部屋（ワンルーム）には、学習塾で使われるようなデカいホワイトボードが壁一面を占拠している。

曰く、「一人暮らしをしたら部屋にホワイトボードを置くのが夢だった」。

研究内容に行き詰まれば、ロジックツリーを描き考察し、「引っ越しでもしようかな?」と思えば、引っ越すメリットとデメリットを列挙し、検討するといった具合。ホワイトボードのおかげで、彼女とのケンカも大事に至ることはほとんどないという。

2章

〝素敵な理系クンに会いたい！〟

出会い編

会社の後輩に
つれられて
合コンにきました…
ドキ
ドキ…
かたいっスよ
センパーイ
合コン
バージンでも
あるまいしー
後輩の友人
（文系・営業職）
ガチ
ガチ
バ…ッ!?
カァー
いや実際
初めてなんだよ
合コンなんて
シロモノ!!
下ネタに
免疫ない
あ、そっス
かー
つーか
まともに女子と会話したのは
いつ以来だったか
思い出せないくらいだ…!!
中学から
男子校だったから
小学校以来…？
しかし
クラスの女子と
話す機会も
なかったよーな…
へだたり感…
となると
法事で会う
いとこのお姉ちゃん
くらい…？
それも
何年前だ
…？
元気ー？
わぁー
まじっス
かー

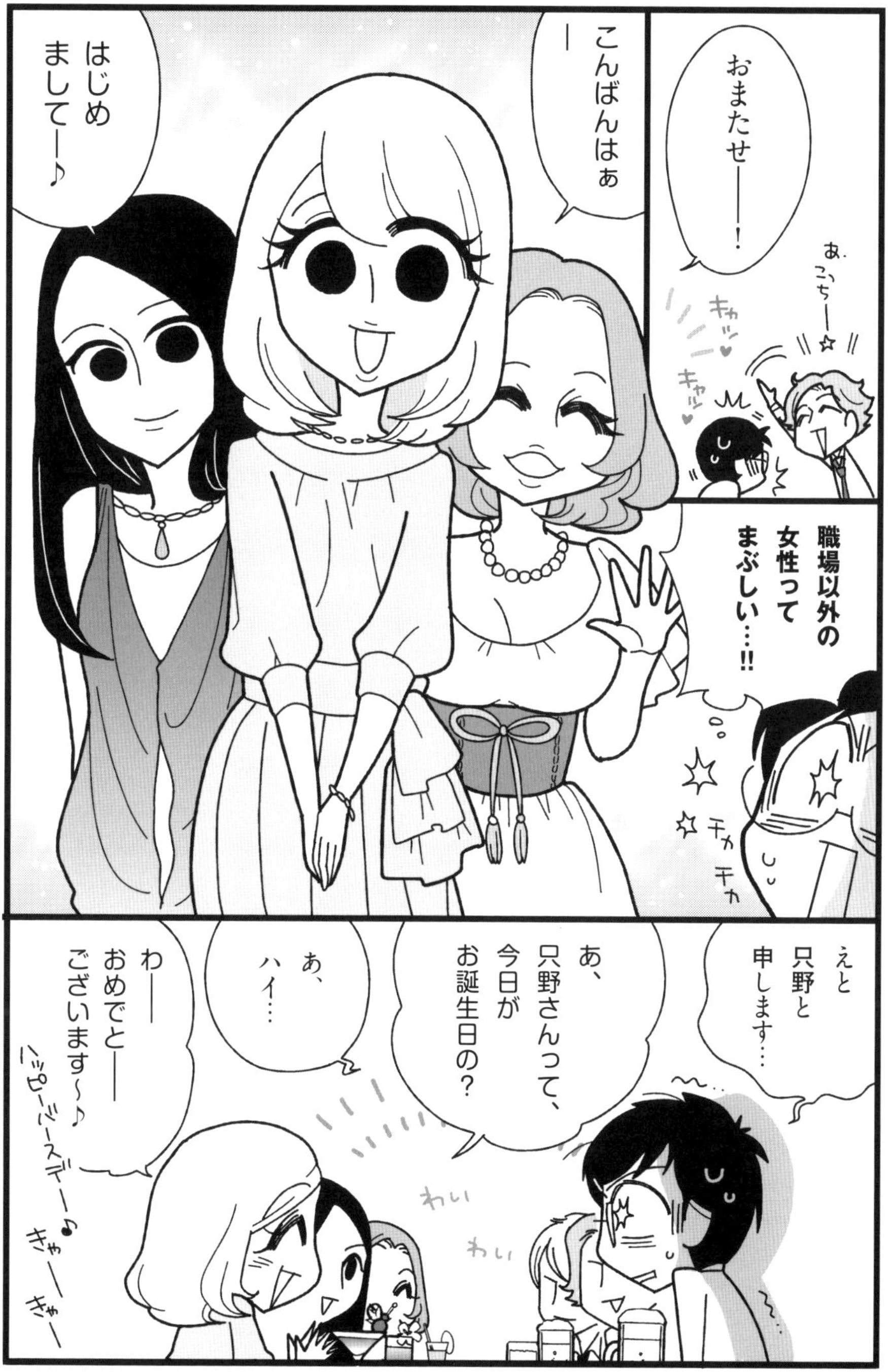
おまたせーーー！
あ、こっちーー☆
キャッ♥
キャッ♥
こんばんはぁー
はじめましてーー♪
職場以外の女性ってまぶしい…!!
チカチカ
えと只野と申します…
あ、只野さんって、今日がお誕生日の？
あ、ハイ…
わーーおめでとーーございます〜♪
ハッピーバースデーー♪
きゃーーきゃーー
わいわい
わいわい

オレの先輩仕事できて出世頭！
超優良物件うりだし中よ～♪
いやいやそんな…
えーすごいどんなお仕事なんですかー？
あ、仕事は主に標的型メール攻撃に対応するセキュリティを確保するシステムを開発しています
スイッチON
要は受信したメールがユーザーのメールボックスに配信される前に各種評価リストにしたがって脅威度を制定し、標的型メール攻撃の疑いが強いメールをフィルタリングして隔離します
標的型メール攻撃のメールは差出人のメールサーバとは異なるドメインのメールサーバから配送されたり添付ファイルの拡張子と実際のファイル形式が異なっていたり二重の拡張子が付いてたりします
実際にあった攻撃からそれらの特徴を抽出してルール化し、ヒットしたルールの数や重みに応じて採点し脅威度を算出します
ベラ
ベラ
ベラ
ベラ
ぽっかー
んー…

フ——
自己PRはできたかな…？
ザー
あっ只野さん
へっ？ハイッ?!
ドキっ
あのコレよかったら…
バースデープレゼントってコトで♡
遊びに誘ってくださいネッ♡
沢田ミカ
LINE@×××
なにコレ…
モテ期!?
パタパタ
おっセンパイすみにおけな〜い♡

どっどっどっ
どうしよう…
こっちから連絡…?
どんな文体で…?
時候のあいさつから??
おろおろ
——と思ってたら
向こうから…
わっきた!
こんにちは! ミカです。
LINE、近藤くんから
きいちゃいました♪
映画でも行きませんか?
何の映画にしますか?
うーん じゃあ
「SF マン」かな
はい。場所はどこが
いいですか?
なんてやりとりがありまして。
無事デート的なもの実行!!
映画おもしろかったですね~♪
あぁ~~~~
CINEMA
まぁ~科学的考証はメチャクチャでしたけどねっ(笑)
……
キリッ
イイトコ
見せようとしている

まず空気抵抗は速度の２乗に比例するのであの速度で人体が飛行するということは——
ベラベラ
ベラベラ
ベラベラ
…そーゆーことに興味あるんですか？
いや別に そんなには
……
今一番興味があるのは核融合発電についてですね!!
ギラギラ
水素の核融合反応によってエネルギーを…高速中性子…プラズマ…超伝導…!!
——このあと何します？
テンション ギュン!!! MAX
……何がいいですかね？
うーん……
……ちょっとお茶とか〜？
てく
てく
てく

ほうっ「お茶」コーヒーですか？紅茶ですか？
…じゃ紅茶で…
ほほう！ではどこか紅茶の美味しいお店はご存じですか？
てく
てく
……
……
てく
てく
てく…
てく…
なんで全部丸投げなのよ――!!
ぶっちーん!!
？
びくーッ

〝連絡先渡した〟のも
〝映画誘った〟のも
〝映画決めた〟のも
全部『私』!!
あんたにあわせてSF映画にしたのにハナで笑うし!!
え?
あ?
う?
なんで私がリードしなきゃいけないのよ!?
気が利かないにも程があるでしょ!!
いや…キミが好きなものがベストだと思うから…
はぁ!?
こっちはアンタの専門用語バリバリの話聞かされてワケわかんないっつーの!!
死ぬほどつまんないっつーの!!
もーーいや
もーームリ!!
さよーなら!!
!?
!?
よくわかんないうちにあっさりキッパリフラれました…

ごく普通の世間話をしたいのに、「核融合発電」を熱弁するのはなぜ？

就職活動にビジネス、そして恋愛に「コミュニケーション能力」が大事だと言われます。「コミュ力」などと略されたりもしますが、私自身は内実のない言葉だと思っています。

さらに、コミュ力のない人、口数が少ない人、人と上手に話せない人をさす「コミュ障」という言葉には、人を一方的に排除する怖さすら感じます。

とはいえ、コミュニケーション能力が皆無では、恋愛以前に人と会話のしようがありません。秀でたコミュニケーション能力を持つ必要はありませんが、相手と通じ合う程度のものは持っていたい。

その点において、理系男子のコミュニケーションは独特です。

前章で、「最近、なにしてるの？」と聞かれたときに核融合発電について熱弁してしまった学生の例を出しましたが、花火を見ては炎色反応や分子について解説したり、自分の興味関心のあることや専門分野について、一方的に語りだすのは理系男子にはよくあることです。

核融合発電の話をふられ、「原爆じゃなく、水爆の原理だよね？　どうやって発電につなげるの？」といった同等の知識をもって質問ができる人、「それって、どういうことなんだろう？」

と話の内容自体に好奇心を抱いてくれる人であれば、コミュニケーションは成立します。

しかし、多くの女性は、世間話をしようと思ったところに、核融合と核分裂の違いを説明されたら面食らいます。最初はなんとか話を聞こうとがんばれるかもしれません。しかし、耳を傾けていても、なにを言っているのかチンプンカンプン。

話題を変えようと思っても、その糸口は見つけられず、こちらが退屈に思っていることにすら気づかず、嬉々として話し続ける姿に次第にイラ立ちはじめ……という不幸な事態になりがちです。

なぜ、世間話のシーンで核融合発電の話をしてしまうのか？　と思うかもしれません。理系男子は専門分野について語るのが大好きです。私のような研究者やオタクもまったく同じ傾向があるのでよくわかるのですが、自分の専門テーマへの関心が強く、大好きなのです。それと同時に、当たり障りのない世間話のストックをあまり持ち合わせていなかったりもする。次項でもお話ししますが、結論を求めない世間話の目的がよくわからない人もいます。

言い換えるなら、彼らは世間話はできないけれど、核融合発電の話ならできる。それが理系男子なのです。

自分のことばかり話す理系男子、じつは自己チューではないって本当？

世の中では、「聞き上手な男はモテる」なんてことが言われるそうです。逆に言えば、多くの男性が話を聞くことがヘタだということ。私自身も「聞き下手」なところがあり、人の話を聞かないことは、けっして、理系男子だけの特徴ではないのかもしれません。

男女に対する社会的な圧力の違い、と言っていいかと思いますが、男性は相手の立場に配慮するとか相手の思考を延長させるといった発想が薄く、自分の頭で考えていることをそのまま表現しようとしてしまいがちです。

会話分析という学問の世界で、男性は自分の意見を主張し、結論を出そうとしがちであるということがわかっています。その場の和やかな空気を維持しなければという圧力のもとで会話をする女性と、すれ違うのもしかたのないことなのかもしれません。

理系男子でとくにそれが顕著になるのは、やはり男だけの似た者同士が集まった環境で育ってきたことに原因があるように思います。

会話の作法は同じ、知識も共有できている仲間同士だったら、マイナーな分野をめぐって、専門用語を使って延々と話ができる。そんな環境に浸ってきたので、会話に異質なものが入ってきたときにうまく対処できないわけです。

いざ、知識のない人に話そうと思うと、言葉が通じないのをどう翻訳していいのかわからなくなり、少なくとも一方的に話をしているように、女性からは見えてしまう。

「自分のことばかり話す」

「私のことを考えてくれない」

つきあいはじめた理系男子にこうした不満を抱く女性もいるのでしょう。しかし、一方的に話をしていたとしても、基本的に、目の前にいる人をないがしろにしようという気持ちはないと思います。彼らなりに、正面から向かいあっている。

ただ、自分の言葉が通じていないということが、その瞬間にわからない。自分の話がどう聞こえているのかへの意識が薄いのです。

そう考えるといちばんの問題は、専門的なことばかりを話すことではなく、「自分の話に相手がひいている」ということに、理系男子自身がすぐに気づけないことにあるのかもしれません。

自己認識、客観性のなさは彼らの特徴のひとつであり、これもまた、男だけの「理系の世界」で生きてきたからかもしれません。

会話に適当な相づちが打てない理系男子と話をするためのヒケツは？

理系男子は論理的だと言われます。会話も、A＝B　B＝C、よってA＝Cという、いわゆる三段論法で展開しがちです。

しかしこれもまた、理系特有のものというよりも、むしろ、研究者、学問をする人間の性のようなものではないかと思います。

私もこの三段論法で話しがちな人間です。ゴールどころか、話の道筋すら見失っている会話に、「うん、うん」と相づちを打つなんてムリ。そのとりとめなさに耐えられず、「で、だから？」と聞き返してしまいます。いや、関西人なので、最後にオモロいオチがあれば、それでＯＫなんですけどね。

だから、理系男子の気持ちがよくわかるのです。よくわかるのですが、女性の困惑もまた理解できます。自分はしたい話を好きなだけしておいて、こちらが話しはじめたとたん、「で、だから？」と答えを急がされたら、不公平感が募るばかりです。

実際、バイオ研究者の彼に職場の話をした瞬間、「それって、オレに関係ないよね？」と言われ、別れを決めたという女性もいました。

一方で、こんなご夫婦もいます。ある女性のパートナーは研究職で、やはり興味関心のあることを話したがり、結論を出さないと気がすまないタイプだそうです。しかも、この彼の少々厄介なところは、話したがりなだけでなく、女性に感想やコメントを求めるのだそうです。

適当に話を受け流すこともできないし、考えを言葉にしなくてはならない。それはかなりのプレッシャーらしいのですが、彼女は、そんなときいつも、シャーロック・ホームズとワトソンの関係をイメージするのだそうです。

「彼は常に、ヒラメキスイッチを求めていて、自分は彼の中で考えや話がまとまる手伝いができるのかなと思って、なにか社会問題にでも関連づけて自分の意見を話すんです」

こうした女性は、理系男子にとっては理想の相手と言えるのかもしれません。また、この本の共著者である高世えり子さんのように、「話している内容はわからないけれど、一生懸命に話している姿を見ているのが楽しい」という女性もいます。

話す話題への興味か、話している人への関心か、どちらかがないと関係は長く続きません。そしてそれは、男性側の自己への客観的視点、女性側の好奇心によって成り立つものなのだと思います。

「物事は白と黒の間にある」とは考えない理系男子のちょっと不思議な思考回路

理系のパートナーを持つ知人が、盛大な夫婦ゲンカをして実家に帰ったところ、彼から手紙が届き、そこには、「物事はつきつめれば白か黒しかないから」と書いてあったそうです。

文系の世界では、「究極的には物事は白と黒の間にしかない」と思考しますから、「つきつめれば白か黒しかない」というのは発想としてありません。

もちろん、理系の世界でも確率を精査していく分野もありますので、必ずしも理系すべてがそうだとは思いませんが、理系の人の中にはゼロかイチかで思考する傾向をもつ人がいるのは確かなように思います。

ジェンダーの講義をしていても、男性・女性という性別を「生物の特性」だととらえる傾向が強いのは理系の学生です。

たとえば、性欲は社会的構築物だという話をします。話は横道にそれますが、各国のマスターベーションの回数調査を見ると、国ごとに違っています。

日本はとても高く、一方、中国は日本の半分以下です。日本の中でも、都市と地方では異なります。性欲の存在そのものは確かに生命の持つ本能なのかもしれませんが、それがどういうかたちで表れるかは、社会や時代によって決められます。それが、マスターベーション＝社会科学としての性である──という話をしても、理系の学生は、ストンと腑に落ちない傾向があります。また、「種の維持が目的とならない同性愛は生物としておかしい」と、最後までこだわるのは理系の学生に多い傾向があります。

そんなことを言い出したら、マスターベーションこそ、種の維持にまったく関係がないわけで、どうして、そこまで生物みたいなところにこだわるのかな？　とは思うのですが、「男女の脳の構造が～」といった言い方をしがちなのも、やはり理系の学生です。

思うに、彼らの思考というのは、一つひとつの知識や考えが個別に置かれているのではなく、すべて回路になっているのではないでしょうか。

ある事実が線と線で結ばれ、その先にスイッチがあって、次は別の事実につながって……という具合です。

確かに、高校から大学へと高度になっていく数学は、こうした考え方をしていかないと解けません。こうした思考の訓練を重ねてきた結果、「理系的」と言われる思考法ができあがるのかもしれません。

理系男子は「人の心を読む（＝忖度）」ことが、なぜこんなに苦手なの？

「会いたい」と女友達からメールをもらい、「彼女は今、オレに会いたい状態にあるんだ」とだけ理解し、なんのアクションも起こさず、絶好のチャンスをみすみす逃した残念な院生がいました。

「登場人物の心の機微がわからない」と、小説『世界の中心で、愛をさけぶ』を読むのに半年かかったという数学専攻の学生がいました。

人と人との会話、とくに日本語の会話は婉曲的に表現されることが多くあります。ゼロかイチで考えがちな理系男子は、行間を読み解くことが苦手です。会話の言外にいろんなことをお願いされていることに気づかない。

女性の側は、伝えたと思っていますから、当然、してもらえると思っていたことがされない。こうしてズレが生じてしまいます。

理系男子は算数的コミュニケーションを得意としますが、国語的思考――文脈を読む、気持ちを読む＝忖度するということは苦手です。なぜなら、これらは算数にはない発想ですから（仮に、コンピュータに忖度機能がついていたら……と想像してみてください。うっとうしいこと、このうえありませんよね）。

この「忖度」を理系流に言うならば、修正プログラムである「パッチ」が必要だ、という話になるのではないでしょうか。特定の相手に対するパッチファイルが、いわば「忖度」なのです。

私は昔、ソニーの犬型ペットロボットAIBOを飼っていたことがあります。「飼う」と表現したように、AIBOはロボットなのに「ペット」として人気を集めました。それはなぜかというと、AIBOはときどき、こちらの命令に背くのです。「おすわり！」と言えば、だいたい言うことを聞きます。でも何回かに1回、「プルップププィ」と言って、横を向いたりする。そこに、命を感じてしまうのです。

私たちが、命とそれ以外を区別するのは、自分の思いどおりになるかならないかにあります。私たちは、「こうなりますように」と願いごとをしますが、その願いが全部かなうとわかっていたら、これほど、つまらないことはありません。絶対に勝つとわかっているゲームに勝っても、ちっともうれしくないですよね。

他人との関係において、理詰めでいかないことがある、思いどおりにならないこともある、言葉は額面どおりではない――。こうしたファジーなことへの対応を、練習試合不足の理系男子は体験的に知る機会が少なかったのかもしれません。

合理的すぎる理系男子が、いつもチェックのシャツを着ている理由は？

国立社会保障・人口問題研究所は5年に1度、結婚、出産、子育ての現状と課題を調べるため、「出生動向基本調査」という全国調査を実施しています。

そこでは独身者を対象に、「結婚相手の条件として求めるもの」を聞いていて、男女ともにトップは「人柄」です。しかし、男性の82・4％、女性の77・1％の人が、「容姿」を重視、あるいは考慮すると答えています。「人は外見じゃなくて中身」などとは言っても、恋愛・結婚において外見もまったく無視はできないというのが現実なわけです。

美醜についてはそれぞれが生まれもってきた部分もありますから、理系文系の違いはありません。しかし、外見の印象を決めるファッションに関しては、理系男子、かなり外しているというイメージがあるのではないでしょうか。

東大の学内スラングに「イカ東」という言葉があります。「いかにも東大生」の略で、世の中の東大生のイメージまんまの人のことを少々、自虐をこめて表現したものです。

具体的に言うなら、メガネにチェックシャツ、しかも、そのシャツをジーパンにインしたファッションでしょうか（ちなみに申しあげておくと、東大生がいちばん喜ぶのは、「東大生に見えないね」という言葉です)。

「イカ東」は理系男子のファッションの特徴(イメージ)と共通します。

なぜ、理系(あるいは東大生)はチェックのシャツを着るのか? と問われても、それは私にはわかりません。でも、推測するに、彼らにとってファッションは「どうでもいいこと」なのではないでしょうか。

意識すべき異性の視線なく大学まできていますから、自分がどう見られるかを考えるきっかけもなかったでしょう。あるいは、他者の目もまた、「どうでもいい」のかもしれません。

私の通った高校も服装が自由でしたので、文化としてなんとなく理解できるのですが、本当に服に興味のない生徒たちは、制服を着てきます。逆に、絶対に制服を着ないグループもいて、彼らはそれなりに考えて服を選んでいました。

チェックのシャツを制服だと決めてしまえば、服装などという「どうでもいいこと」に煩わされることがなくなる。しかも、いつも似たような服装をしていれば、2~3日、同じ服を着ていても気づかれることはありません。合理的な彼らしい選択なのかもしれません。

ただ、シャツをボトムにインするのは、いかがなものかとは思いますが。

知らない人の会話に割り込んでしまう 編

人との適切な距離感というのは、なかなかに難しいもので、これを不得手とする理系男子は少なくない。そんなシチュエーションに、自分の得意分野・専門話が関わってくると、ほぼ確実に状況は見失われる。

これまでつきあった人はすべて理系男子という女性の最初の彼もやはり、距離感がとれない人だった。

「高校時代、バス停で近くにいた女子高生2人が数学の問題の話をはじめたんです。すると突然、彼は彼女たちの話に割り込んで……」

見知らぬ高校男子が急に話に入ってきたわけだから、当然、彼女たちは、ぽっかーん。

しかし、そんなこともまるでおかまいなしに、彼は数式についてバスが来るまで熱弁していたという。

3章

〝理系クンと愛を育てたい〟

恋愛編

毎月やってる大学のサークルOB飲み会にきた只野氏…
只野がフラれた〜〜マジかー
あーうどん部OB飲みが一番居心地いーわー♪
気心知れた理系男だけ〜
…あれっ
遅れてごめーん！
横田さん!?オレ東高の坂井！
B組の…！
えっ？あ…坂井くん!?
高校んとき同じクラスだった子！
わー超久しぶりーっ!!
変わってないねー!!
ハイハイ共学はイイネー
高校共学
すげーぐーぜん！
中・高男子校
けっ
せっかくだから一緒に飲もうよ！
おういいな
あ、すみませーん
いーですかー？
え また女子三人組…
ちょっと警戒心…

はじめまして―― 相田ゆい子と申します～
スイマセン 急に こんなことに ～
名刺交換～
いえいえ～
只野と申します～
お仕事IT系なんですね――
スゴーーい 私超文系で～
ハイ、メールのセキュリティつくったりとか
あ―― 私のスマホのメールも迷惑メールすっごいうざくて困ってますよー
なんとかなんないですかアレ――
あ―― スマホのメールはキャリアメールかOTTのメールかで対処法がかわって……
ふんふん
キャリアメールなら送信ドメインでしぼる方法が効果的だし、OTTのメールなら用意してある迷惑メールフィルタを使うといいなぜなら
ベラ
ベラ
あ、大丈夫？ こいつの話おもしろい？
さっ
――え？
うんうん
あ、ハイ、ちょっとメールに詳しくなった気がしますよ♪
よくわかってはないですけど
あっそう？ ならよかった

こいつ「話つまんない」ってフラれたばっかだからさ
よかったな只野!
あはは
あはは私もずっと一人身ですよーー
全然いーじゃないですかねーおひとりサマ
私 趣味が食べ歩きなんで美味しい店ならひとりでも入店してますよ!
ーー只野さん最寄駅どこです?
え?○○駅だけど?
キランッ
○○駅なら『やきとり××』!!
とくにぼんじりが絶品!!
おおう!!
そーなんだ行ってみよっかなー
あ じゃあ 私 案内します!!
でたゆい子の最寄り駅グルメ検索…
二人とも楽しそーでよかったよかった…
みまもる二人…

では 次の土曜 ○○駅でーー！
よろしくー
この人はなんかラクだな～
前日
明日はやきとりだー♪
ルン♪
ルン♪
仕事もはかどる～♪
上司
おーい只野——
明日 明後日と北海道支店のシステム直しに出張行ってくれ——
え゛
今、おまえしかあのシステムわかるやついないんだよ
前の前の部署の案件のやつ
けっこー重大な故障でさー
会社の金で北海道だしいーだろ♪カニ食ってこいよ！
あ…ハイ…
休日出勤
わかりました…
Have a NICE TRIP ♥

あーあ…
やきとりの人とも
縁なかったな――
おことわりコメ
申し訳ありませんが
明日は出張で
行けなくなりました。
ピロン♪
お仕事大変ですね！(^.^)
只野さんの
ご都合よろしいときで
全然かまいませんよ♪
来週はいかがですか？
あれ？
オレに
合わせて
くれてる？
では来週土曜で
お願いします。
なんで
だろ？
…別に
いいのに…
わかりました＼(^ ^)／
お仕事がんばって
くださいね☆
しかし…
すみません。
例の日、また
仕事が入りました。
おつかれさまです！
ではまた来週は
どうでしょう？
うう…
仕事
忙しい時期
突入…
すみません
また…
ズルズルと
延期に
かさね…。

そして
数週間後
ようやく実現
ハツ
砂肝
ぼんじり
つくだに
おひさしぶりですー
どーも
おおっ！
うまい!!
ですね！
あと、ここは
あさりの佃煮も
美味しい
らしいですよ!!
きゃ—っ!!
あさりも
たのみます？
…あさりの上手な
砂ぬきって
知ってる？
へ？
500ccの水に対して
大さじ1の塩——
これで海水濃度と
同じ3％！
それに
2〜3時間
つけておく！
キラッ
調子にのると数字
トリビアが出る！
へえー
あはは
それから空いてる休日は…
次はおスシ！
いきましょー
安くておいしーんですよー
行くー！
次は
タイ料理
鹿児島料理
スリランカ料理——
フレンチ
イタリアン
パフェ
焼肉
共に食べ歩き…

きのうは地酒バー
大吟醸
うまかった…♡
お？最近楽しそうっスね只野サン
うん じつは…
え?! 毎週お食事デート!?
ついに彼女っスか!!
おめでと― ゴザイます!!
「デート」…?
「彼女」…?

次のごはん会
ジュ〜
大まじめ
じゅわ〜
序論
「我々はつきあっている関係なのでしょうか？」
本論
「男女の仲のデート」の定義は相互の合意
つまり「告白してOKをもらう」行為が前提になります
しかしまだその「告白による合意」はありません
——ということは今までの食事はデートではなかったということになるのですが
……
三段論法…。
僕が今告白したらデートということになりますか？
どーですか？
だめですかっ!?
ずずいっ
え？あっ….
その….

わ　わたしは「つきあってるつもり」でしたから…
ハハ…テレますね…
ほう　何回目の食事から「つきあってるつもり」でしたか？
いや　まあ…回数とかではないんですけど…すいません　私だけ勝手に彼女とか思ってて…ズルイですよね
いや「ズルイ」じゃなくて
あ、ハイ　わかりました　お気持ちありがとうございます
いや「ありがとう」じゃなくて
——じゃ　いきますよ！
ガタッ！
え？
ビクッ!?

「好きです」
「つきあってください」！
ビシィッ
ハ…
ハイ…
プシュー
——では今後は「恋人のデート」ということで
よろしくおねがいします
おぉー
パチ
パチ
隣のカップル
パチ
パチ
隣のサラリーマン
ハンバーグ
レストラン

独身の理系男子が増えたのは、「理系クンだから」が理由ではない？

高度経済成長期、日本は皆婚社会――皆が結婚する社会でした。仕事ばかりに打ち込んでいようとも、女性に気のきいたことひとつ言えなくても、多少、ファッションセンスがイケてなくても、ほとんどが結婚できていました。

それはなぜかというと、ひとつにはお見合いがあったからです。親戚の中にはおせっかいなおばちゃんが一人ぐらいはいて、そして、会社にも〝職縁〟がありました。

男性がぼちぼち20代後半にでもなろうというころ、上司などから「取引先にいい人がいるんだけど、どうだ？」などともちかけられることも、珍しい話ではありませんでした。

1980年代半ばまで、日本の企業は露骨に外見を優先して女性を採用していました。今では信じられないことですが、求人広告の応募条件に「容姿端麗」などと書かれていたほどです。

「職場の花」なんて言葉もありますが、女性社員はお嫁さん候補。結婚したら仕事をやめる寿退社があたりまえで、結婚せずに仕事を続けている女性が多かったりすると、「この年はハズレ年だったなあ〜、まだ半分残っているよ。人事しっかりしろよ！」なんて会話が平気で交わされていたわけです。

また、女性側もそれを理解していました。私が大学院生時代、専門学校で講師をしていたときは教えていた某女子大の学生は、大手自動車メーカーの一般職と航空会社のキャビンアテンダントの内定をもらい、大手自動車メーカーの一般職を選びました。

その大手自動車メーカーの社員の多くが、子会社である住宅メーカーで家を建てるそうなのですが、彼女も面接時、「あなたも、こういう家に住むんですよ」と言われたそうです。そう言われた彼女もまんざらではないようでした。

職場が結婚のシステムの一端を担っていたわけです。しかし、1990年代に入り、女性の一般職採用はなくなり、事務仕事は派遣労働者に置きかわっていきます。職縁による結婚への道がなくなりました。

ここにきて、経済力や職業面などスペックは悪くないのに結婚できない「ちょっと変わった理系男子」に注目が集まっているわけですが、「ちょっと変わった理系男子」がいたのは昔から。社会のほうが変わったのです。

理系男子問題、新しいように見えて、新しい問題ではないのです。

「ほぼ恋愛結婚」時代の今、理系男子を落とすには合コンしかない？

あなたのご両親は、恋愛結婚でしょうか、お見合い結婚でしょうか？

1950年代まで、結婚した夫婦の出会いのきっかけでもっとも多いのがお見合いでした。1960年代の半ば、恋愛結婚とお見合い結婚の比率は逆転。そして現在、9割以上が恋愛結婚になっています。つまり、恋愛ができなければ、なかなか結婚もできない環境になったということです。

恋愛は自由市場です。お見合いによって、家柄と釣書で結婚が決まっていったころとは異なり、男性も外見や人柄が問われることになります。「ちょっと変わった理系男子」に厳しい環境となっていったわけです。

とはいえ、私は現役の理系男子学生に対し、今、彼女がいないことを落胆する必要はない！と断言しています。1章の最初で「学生時代の恋愛が必ず、結婚に結びつくわけではありません」という話をしましたが、なにも私は、感覚で話をしているわけではありません。

前章でもご紹介した「出生動向基本調査」では既婚者に「出会いのきっかけ、結婚のきっかけ」も聞いています。それに対し、「学校で」の出会いはわずか11・9％（2010年）。つまり、大学時代に彼女がいなかったとしても、結婚にいたる道のりにおいては致命的なことにはならないのです。

しかし、前項で説明したように、かつてのような職縁によるセーフティネットは失われています。つまり、男ばかりに囲まれた環境でただ待っているだけでは、なにも起こらないということです。

理系男子は「紹介してよ」と周囲にアピールしていくべきです。合コンにも積極的に参加していかなければ、そもそもの出会いにたどりつくことができません。

また、理系男子と恋をしたい、結婚をしたいという女性も同じです。たまたま偶然、理系男子と出会うということは多くないかもしれませんが、彼らはいるところに行けば、たくさんいます。「出生動向基本調査」によると、結婚相手と知り合ったきっかけで、もっとも多いのは「友人・兄弟姉妹を通じて」(29・7%)です。

合コンでの出会いも、当然、「友人の紹介」ですからね。

理系男子が魚類コードやシリカゲルをプレゼントする〝本当の心のうち〟

共著者である高世えり子さんの『理系クン』（文藝春秋）のなかで、私がとくに気に入っているのが、第1巻で主人公の理系クン・N島さんが高世さんに「魚類コード」をうれしそうにプレゼントするエピソードです。

魚類コードとは、コンセント（タップ）の周囲に魚の骨がデザインされたもので、読んだ瞬間、「それはないよなあ〜」と大爆笑しました。

つきあいはじめのプレゼントは、相手のこともまだよくわかっていないし、確かに気をつかいます。自分のことを思い返してもプレゼント選びはかなり苦労しましたし、外してしまったこともあります。これは、世の男性の多くが直面する問題で、それほど特殊なことではないのかもしれません。

ただやはり、理系男子のことです。外す確率は高いのかもしれません。

ある化学メーカーの研究者である男性は、交際中の彼女の趣味がお菓子作りだったため、大量のシリカゲル（乾燥剤）を贈ったそうです。自分の専門にもかかわるし、とても実利的なプレゼントではありますが、誕生日に彼氏からシリカゲルをもらったら、あなたはどう感じるでしょうか？

おそらく、魚類コードなりシリカゲルなりをもらった瞬間、「はあ!? ありえない！」と怒りだす女性は、その先、理系男子とのつきあいを続けていくことは難しいでしょう。プレゼントというのは、ある種、踏み絵になるのではないでしょうか。

魚類コードを贈ったN島さんは、プレゼントを一生懸命に探し、本当におもしろいものを見つけたと思っている。悪意はなく、むしろ、彼女への思いにあふれている。しかし、それが思いっきり外していることに気づいていない、それだけです。

サークルの後輩の女子たちから魚類コードはダメだったと指摘されたN島さんは、その後、ホワイトデイにUSBやLED懐中電灯を選ぼうとするなど、またやってしまいそうになりますが、高世さんに話を聞き、自分を修正し、勇気をふりしぼってネックレスを買いに行くまでにいたります。

そんな彼に対し、高世さんも魚類コードに当惑しつつ、突き放していないし、むしろ、おもしろがっている。

そんなふうにふたりの関係が育まれていくのは、理系男子の恋愛としてひとつの理想のようにも思うのです。

“特殊な信号”をもつ理系男子とマッチするのに、必要なものは？

「サイボーグみたい」

「話し方が事務的」

「LINEの返事がまったく来ない」

これらは、よく聞かれる理系男子に対する女性側からの不満です。

でも、理系文系を問わずぶっきらぼうで無口な人はいるし、マメじゃない人はいます。女性からしてみたら、彼に変わってほしいと思うかもしれませんが、感情表現の乏しい人が突然、感情表現が豊かになったりはしないと思います。無口な人に、急に饒舌になれといっても無理な話です。むしろ個人的には、多少無口な人のほうが、信頼できるようにも思います。

無口な人は無口なりに、その人のレベルで感情表現をしています。少ない言葉の中にもイエスとノーの信号は入っているし、また、相手の出してくる信号を受け取るセンサーも持ち合わせています。ただ、その感度が少し弱い。だから、入ってくる信号の電波が強く明確でないと、正しく受信できないのです。

結局のところ、その人とコミュニケーションがとれるかどうか、とりたいと思う相手かどうかなのだと思います。

たとえばですが、1週間タダで旅行できることになったとします。ただし行く先はハワイかネパールのどちらかしか選べないという状況になったとき、私は、ハワイを選ぶ人とは暮らせません。海が好き！　南の島が好き！　とか、そういう問題ではありません。ハワイはお金を出しさえすれば、いつでも行くことができます。でも、ネパールは、せっかくの機会を逃したらいつ行けるかわかりません。

「ネパールって何があるの？」と聞かれ、「知らない。でも、行ったことないから、行ってみようよ」と言ったとき、一緒にワクワクしてくれる知的好奇心のある人でなければ、パートナーとしてやっていくことはできません。

でも、ネパールかハワイかという選択になったとき、多くの女性がハワイを選ぶこともなんとなくわかります。

おそらく、理系男子とのマッチングもこれに似ているのではないかと思うのです。理系男子の特殊な信号を受け止められる人、魚類コードをおもしろがる女性はマス層ではないかもしれない。

あなたはホントのところ、どちらのタイプですか？　ネパール行きはつきあえますか？

「話を聞くだけでいい」「ハグしてほしい」は、理系男子にはまったく意味不明なの？

情報系のプログラミング開発者と結婚をした、ある女性のお話です。彼女が仕事で大きなトラブルを抱えてしまったとき、家に帰って彼に悩みを相談したそうです。話を聞いた彼は、問題点を整頓し、どうすればそれが解決するか、彼女にアドバイスしてくれました。

彼の助言は、まったくの正論だったそうです。しかし、社内の人間関係や複雑な事情もあって、どうしようもできないからこそ、彼女は悩んでいた。必要なのは、正論ではなく、ただ話を聞いてもらうことだったのです。

このコミュニケーションは理系男子にとっては、とても難易度が高いものです。

たとえば、火山が噴火したとき、自治体はその原因を調査し、影響を予測し避難計画を立てつつ、住民の生活環境が落ち着くよう対策を講じます。

理系男子の思考もこれと同じです。問題の原因をひとつひとつ洗いだし、この先、起こりうる事態を想定し、そのための準備をする。それが彼らにとっての、問題に対する誠実かつ当然な対処法なわけです。

これは、男女間のケンカでも同じです。理系男子にとっては、ケンカは双方の間で生じた問題を解決するための手段です。

　ささいな彼の一言など、原因はなんでもいいのですが、あなたが彼に対して不機嫌な態度をとったとき。「なにを、怒ってるの？」と無邪気に聞かれ、さらに怒りは倍増！　なんてことは、一度や二度はあるのではないでしょうか。

　彼にしてみたら、突然の彼女の不機嫌は火山の爆発と同じです。問題の原因がわからないから聞いたわけで、それを受けて、「なんでわかってくれないのよ！」となじったところで、彼は困惑するばかりです。

　問題を根本的に解決しようとする理系男子の思考法は、合理的だとは思います。しかし、ただ言うことを受け止めて、ハグをしてくれればそれでよかったという女性も一定数存在する。人それぞれで、どちらがいいとか悪いとかいう話ではありません。ただ、そういう女性もいる、ということです。しかし、これは何人かの女性とつきあってみて、学び実感できることであって、練習試合の足りない理系男子にはあまりにハードルが高い。

　理系男子はよく「異星人」と言われますが、その理系男子から見たら、こうした女性は、まさに「異星人」です。異星人同士のコミュニケーションと思えば、なにかしら「お互いさま」と考えられるのではないでしょうか。

恋愛の〝練習試合〟が少ない理系男子とうまくつきあう方法は？

恋愛関係でどちらかに過剰なガマンが生じていたら、それは長続きしません。しかし、関係を維持していくのには、やはり努力は必要だと思います。

研究職の夫をもつ女性は、「なんで怒っているの？」と聞かれたとき、一瞬、イラッとする気持ちを抑え、深呼吸をし、理由を説明するようにしているそうです。

曰く、「隣にいる人が理由もわからず怒っているのは、彼にとって、とても怖いことだと思うから」。

これによって、夫婦ゲンカが深刻に長引くことはなく、ボヤでおさまるのだそうです。お互いの歩み寄り、というのはこういうことではないでしょうか。

たとえば、『理系クン』のN島さんは、魚類コードはダメ、LED懐中電灯もダメ、次は……と、プレゼント選びだけでも、トライ&エラーを重ねていっています。その間に一度、彼のコンピュータはダウンをしています。でも、ダウンしながらも、最終的にネックレスを自分で買って贈るところまでたどりつきました。

逆に言うと、一度や二度のダウンはしかたないのです。ダウンしたら再起動をすればいい。「ハングはするもの」という前提に立ち、ハングをするたびに再起動をして、再起動を重ねながら、相手の思うことに近づいていけばいい。程度の差はあるでしょうが、誰が相手だとしても、関係を育むとは、そういうことのようにも思います。

女性はそうして理系男子が近づいてくるのを待つ。理系男子との恋愛のキモは、そこなのではないでしょうか。理系男子側は、たかだか一度や二度のエラーに怯えない。仮説&検証実験は得意中の得意ですよね。

女性側も相手は歩み寄りが苦手だと理解し、その行動パターンを善意で解釈できるような態勢をとること。彼らの特徴と対処法は意外とシンプルです。

マイナーなネタに対しては、知識ではなくむしろ関心をもつ。ともすれば追いつめられているようにも聞こえる理詰めの言葉に対しても、流し方のコツはあるはずです。感情が薄く要約でしか返ってこない言葉も斟酌し、そこに込められた気持ちを理解する。

学生時代に練習試合をしてこなかった理系男子は、いきなり、試合に立ち向かっているのです。「恋愛とはかくあるべき」「彼氏なら〝普通は〟こうしてくれる」といったものをいったん手放し、理系男子とトライ&エラーを重ねていくことが大切なのではないでしょうか。

あいまいな判断基準が
好きではないので
ファッション誌で勉強
する夫…
ふむ
ポロシャツの
サイズ感が
わかった！
メンズ
ファッション
○月号
男の
ファッション

ファッションも なぜか研究対象に 編

「かわいい」「好き」という感情すら、できるものなら明確に定義づけたい彼ら（なんなら、「数式で説明してほしい」という人も）。

「なんとなく」のまま放置するのは居心地が悪く、どんな分野でも自分なりに理解しようと試みる努力家だったりもする。「オシャレ」についても同様。

ある男性は、「なにがよくてなにがダメかを知りたい」と、男性ファッション誌を集めて読みふけり、数日間、考察をはじめた。

「なにがわかったの？」と彼女が訊ねたところ、返ってきた答えは……。

「ポロシャツのサイズ感がわかった！」

確かに、服のサイズ感はオシャレに見えるかどうかの一里塚。ちなみに、この男性、「チェックシャツは絶対に着ない！」と、ストライプシャツを好んで着ているという。

4章

〝もしも理系クンと結ばれたら？〟

結婚編

理くんとつきあってみてわかったけどさ――ホントに仕事忙しいんだね～
文系出身 証券会社 OL
理系出身 IT開発職
うぅ ごめんなさい…
そーなんです…
システムになんかあればすぐ仕事で納期前はさらに追われてるんでしょ？疲れすぎていちゃいちゃもできないよね
終電帰り AM2:00
…そのとーりデス…
しかばね…
こんなのが彼氏で申し訳ございません!!
ううう～
いやいやお疲れさまだよ 休みできたらパーッとやろーね
じゃ おやすみー

うう…なんであんなに理解あるんだあの人は…
ずーん
自分はけっこう定時で帰れてるのに…こんなパートナーじゃつまんないだろ…
はぁー…
………………
…結婚……
したい…な…
ぽわん…
新婚イメージ
おかえりー♥

……結婚……
したいな――……
さみしがったらプロポーズしてくれるかなって作戦だったけど…
ヘコませちゃった…
理クン…忙しい職種だから…
家庭に入ってくれ!! オレがバリバリ働くから生活をサポートしてくれ!
…なんて言いそう…………
専業主婦が理想っぽいよね…
バリバリリーマンと専業主婦で完全分業制!!
でも私は…もっと仕事したいんだよねぇ…
資格もとってキャリアアップして…私まで忙しくなっちゃったら…
FP入門
私たち…大丈夫…かなぁ…

次のデート
↑2ヶ月ぶり
@まちあわせ場所
「結婚してください」！
いや…あの…急だね いつも…
いつものデートかと思って 超いつもの服だし…
服？何の問題もないと思うけど？
急じゃないよ「告白して1年でプロポーズ」って決めてたから
確固たるマイルール
…あ そうなの？
わー
——で？ OK？ NG？
ぐい ぐい
え あ
うれしいよ… けど
けど?!

私…理クンの理想の奥さんにはなれない――と思う
仕事はやめたくない
キャリアアップの勉強もしてるの…
ごめん…忙しい理クンのサポートとか…できる自信ない…
それでいいじゃん

にこ…
…理…くん…
君が家事専門の
専業主婦、
僕が仕事専門の
サラリーマンでも
役割分担という点では
合理的だと思うけど
このご時世
僕の収入だけでは
リスキーである
それならば
二人で働きつつ
家事・育児など
家の仕事も
二人でこなすほうが
効率的では
ないだろうか？
二人の生活を
シミュレート中…
キミの生涯賃金を
計算中…
よって
僕が配偶者になれたら
君が働きたい意志を
尊重したいと
思いますが
このプロポーズは
ご快諾いただけ
ますでしょうか？
右脳より
左脳的プロポーズ
あ
ハイ…
つーか
何コレ
マニフェスト
…？

婚活市場で理系男子が、なぜかもてはやされている〝舞台ウラ〟事情

日本は「就労」と「結婚」によって、「若者」にピリオドを打つ社会でした。働くことで、あるいは結婚することで、「若者」は「大人」になっていきました。しかし現在、それがどんどん崩れていいます。

安定しない非正規雇用が増え、生涯未婚率（50歳の時点で一度も結婚したことのない人の割合）は、男性で2割（2010年／国立社会保障・人口問題研究所）。しかも、2035年には、未婚率は男性29・0％、女性は19・2％に達すると予測されています（同「日本の世帯数の将来推計（2013年1月推計）」）。

結婚と就労という人生の節目を迎えることなく、「大きな子供」とでも言いましょうか、「大人」になれない30代、40代が出てきたわけです。

結婚へのハードルとなるのは、ひとつには男性の就労・雇用の不安定さがあります。そして、女性側に結婚のメリットがないということも大きな要因です。

東京在住で実家住まいの女性の場合に顕著になりますが、結婚すると女性は「階層下降」を起こします。結婚によって、親元で暮らしていたときの生活水準をあきらめなくてはならなくなる。

つまり、今の若い男性はどんなにがんばって働いても、ひとつ上の世代がもっている資産価値まで稼げないのです。

「三高」なんて今は昔。婚活中の女性が結婚相手に求めるのは「平凡な年収、平凡な学歴、平凡な外見」になったと言いますが、よくよく聞けば、「平凡な年収」とは600万円だったりする。

現在、20代後半から30代前半で、年収600万円を稼げる独身男性はわずか5％程度です。その5％に女性たちが群がり、「いい相手がいない」「いい男がいない」と嘆いているというのが現状なわけです。ここにきて婚活市場で理系男子にスポットライトが当たるようになったのも、こんな事情があるからかもしれません。

皆婚規範がものすごく強い韓国や中国では、女性の生涯未婚率はほぼ5％以下です。結婚しなくても生きていける、結婚しないということが生き方のひとつの選択肢になっているという意味では、今の日本を肯定的に見ることはできます。しかし、多くの人は「結婚したい」と言っている。

3章で述べたような職縁の崩壊などシステムの変化もあります。恋愛も結婚も自由。これは多くの人が求めたことでした。

しかし、自由になってルールがなくなったことで、むしろ路頭に迷う人が増えた。ルールがある時代はルールにしたがってさえいれば、ゴールにたどり着くことができていたのに……。

イマドキの若い女性も憧れる専業主婦と理系男子カップルの未来は？

「お金を引き出せるATM夫と家政婦」と言ってしまうと身もフタもありませんが、仕事は忙しいけれど、十分な経済力をもつ理系男子と専業主婦は、いい組み合わせと言えます。そしてそれは、日本の高度経済成長期の家族像とも重なります。

せっかくなので、寄り道になりますが「主婦の誕生」を見ていきましょう。

かつて、「若い嫁」は貴重な労働力でした。家事や育児ごときにかまけてもらっては困る。炊事や子守りは年寄りや年長の子供がやり、嫁は野良仕事の重要な戦力でした。しかし、1920年代に入り、東京や大阪など都市部の開発が日本の家族のあり方を大きく変えていきます。

阪急電鉄の小林一三が、郊外に向かって宅地造成と合わせて鉄道を敷くという私鉄経営モデルを世界で初めて発明。東京でも、このビジネスモデルにならって、小田急線、京王線、東急東横線といった私鉄が郊外に延び、沿線が整備されていきます。のちにJR中央線となる甲武鉄道が、中野を過ぎ、立川まで真っ直ぐ一直線に走っているのは、もともとなにもないところに線路をつくることができたからです。沿線が宅地開発され、中産階級向けの住宅地にどんどん変わっていきます。その住宅地に核家族が生まれます。

「サラリーメン」という和製英語が生まれたのも1920年代です。『主婦の友』『婦人倶楽部』が創刊されたのも1920年前後で、戦後に『主婦と生活』『婦人生活』が加わり「主婦4誌」と言われます。1917年創刊の『主婦の友』には「月収26円、小学教師の家計」という特集が組まれています。日払いではなく、月給でもらう「サラリーメン」家庭では、やりくりが必要です。そのやりくりも主婦の役割だったのです。

都市部で生まれた「家事や子育てはお母さん」という家族のかたちは、高度経済成長期に全国に広がっていきます。国勢調査を見ると、戦後、女性が働いている割合がもっとも低いのが1975年です。どうして、日本では女性の労働力率が高度経済成長期に下がり続けたのかというと、そうでなければ農村で野良仕事をしていたであろう女性たちが、都会に出て、腰かけの仕事をへて主婦になったからです。短大を卒業して、家事手伝いをして結婚。お見合いもまだまだ機能していて、「真面目でいい人だから」と紹介されたのが理系男子というわけです。

結婚してみたら、会話は「メシ」「フロ」「ネル」だけ。そのかわり、彼らはガンガン働き、日本経済は年率10％で成長していったのです。

3組に1組が離婚する今、専業主婦を選ぶのはリスクだらけなの？

理系男子と専業主婦はいい組み合わせではある、と言いました。しかし、相手が理系だろうと文系だろうとなんだろうと、今の時代に専業主婦というのはかなり危険な選択肢です。

現在の日本の離婚率は3割を超えています。アメリカは日本よりさらに多く、2組に1組が離婚するとも言われています。でも、それもしかたのないことで、恋愛結婚が普及した社会は必然的に離婚が増えるのです。

恋愛結婚は家や階層などを超えて、本人同士の気持ちだけで成立します。結婚の入り口が自由になったわけで、入り口をゆるめた以上、出口を規制する方法はありません。

結婚当初は離婚のことなど考えないでしょうし、「いいえ、私たちは大丈夫！」といった根拠のない自信を抱く方もいるかもしれません。しかし、1章で述べたように、若いころの「練習試合」不足が、結婚後に影響することもあるのです。

あるメーカーの技術開発の男性は、20代前半で学生結婚したのですが、30代に入って、「自分が意外とモテる」ということに気づきます。「恋とハシカは年をとってかかると始末が悪い」と言いますが、この男性、「オレはまだ本気の恋愛を知らない」などと言い、20代の女性を愛人にするなど浮気を続けているそうです。

3組に1組が別れる社会というのは、別れることすらできない社会よりマシな社会だとも言えます。しかし、逆に考えると、専業主婦は意に反して別れることができないという状況におちいる可能性があります。

夫婦の関係がギクシャクしはじめ、「離婚」の2文字が頭をもたげたとき、20代子なし正社員の女性だったら、「離婚」という脅威の3割バッターにヒットを打たれても「2アウト1塁」くらい。そこから、いくらでも戦略は立てようがあります。

しかし、40代子供3人専業主婦の場合はどうでしょう？　試合も中盤すぎ、満塁ホームランを打たれたあとから逆転を狙うくらいの厳しさです。

そのため、この層は、離婚しない＝できないわけです。離婚を選べないとなると、相当、いろいろなものを飲み込みながら、そこから先の長い結婚生活を送ることになるのでしょう。

専業主婦が希少な存在となり、憧れる若い女性も多いと聞きます。しかし、そこにひそむリスクはちゃんと考えておくべきです。

理系男子と〝末長くお幸せ〟に暮らすには、まずは「おためし婚」

恋愛期をへて、無事にゴールイン！　となったとしても、結婚がゴールではありません。そこから先が長丁場。別れる自由のある社会ではありますが、破綻はできるだけ回避したいものです。

そこで私がおすすめするのが、結婚前の「おためし婚」です。半年から1年くらい同棲をして生活をともにしてみて、相手の生活リズムや習慣に違和感がないかどうか、あるいはもっと好きだと思えるかどうかを確かめる。おためし婚のチェック項目はいくつかありますが、まず大切なのは生活時間です。

２０１４年にノーベル賞を受賞した、日本のある大学教授は、休日関係なく、毎日研究室に通い、研究を続けたそうです。私は「ノーベル賞を2個くれてやる」と言われてもそんな働き方はしたくないと思ってしまいますが、理系職が忙しいのは確かです。

ＩＴ系のシステム更新の仕事などは、深夜や年末年始など人が休んでいるときに作業をしなくてはなりません。そんな彼と、はたして一緒に生活できるのか？　これはかなり重要なことなので、先々、子供が加わったときにどうなるかも含めてシミュレーションをしておくことが大切です。

仕事がすごく大変で、休みがとれない会社であったとしても、どこかでちゃんと家族の時間がとれるかどうかもチェックポイントです。

5章でくわしく述べますが、理系文系など無関係に、共働きとなる場合はなるべく半々に近いかたちで、相手にも家事を分担してもらう必要があります。

じつはふたりだけで暮らしているときの家事は、そんなに大変ではありません。夕食なんてつくらずとも、一緒に駅前の居酒屋で飲んで帰ってくればいいし、洗濯なんてボタンを押すだけ。洗濯物をたたんでタンスに片づけるのが苦手という男性も少なくありませんが（私もこれが大の苦手です）、キレイになった洗濯物を積んでおく「洗濯山」を決めて、それぞれが必要な服を取っていく、と決められるならば、それでいいのです。

「私はタンスにキチンと入っていることが大切」で、彼が苦手というのなら、「私が洗濯物を片づけるから、そのかわり、これをやってほしい」と話し合う。

要は、生活にまつわるいろいろについて、どこにプライオリティを置くのかの確認です。ふたりの考え方が合わなくても問題はありません。重要なのは、ルールを一緒に決めていける相手であるかどうかです。

家計と家事の〝正しい〟負担割合は、「ふたりが対等」と感じられる配分に

結婚生活を考えていくうえで、重要なのが家計です。サイフ（収入）がひとつだけの専業主婦家庭ではないとなると、そのやり方はいくつかあります。結婚にあたってのルールづくりの中で、お金の話は絶対に避けてはいけないポイントで、最初に決めておくべきことのひとつです。

何年後かのマイホームなど、目標に合わせた夫婦の貯蓄額。保険料や自動車税など、あらかじめわかっている大きな支出についての負担の相談。そして、重要なのが、日々の生活費についてです。家計用ポケット（口座）をつくり、そこに各々、負担分を入れたら残りは貯金するなり買い物に使うなり使途は自由とするケースが多いようですが、問題は、その拠出比率です。

たとえば、理系男子の夫の手取りが月30万円で、女性が手取り月20万円の夫婦の場合。夫婦の生活を維持するために必要な月々のお金は、東京で家賃が10数万円、食費や光熱費などを加えると月20万～30万円くらいでしょうか。

まずひとつの方法としては、収入に応じて負担分を決めるやり方があります。この夫婦だと収入が30万円：20万円なので、負担も3：2。夫18万円・妻12万円をそれぞれ負担し、残りの12万円と8万円はそれぞれのお小遣いとなる。

　また、生活費を引いた残りの額を一緒にするという考え方もあります。このケースだと、夫20万円・妻10万円を家計に出し、お互い10万円がお小遣いとなります。

　さらに、それぞれが同額の15万円を出すという方法もなくはないですが、妻としては、相手には15万円が手元に残るのに、自分のお小遣いは5万円だけ。それで、「家事をやれ！」と言われたら、さすがに理不尽に思いますよね。

　家事については、女性側が「私がやらなきゃ」と過剰に内面化しがちです。放っておいたら女性の家事分担が絶対に多くなりますから、やはり無難なのは収入に応じて拠出比率を決める方法なのかもしれません。

　理系男子は高収入と言われますが、夫婦で収入がほぼ同じくらいというケースもあるでしょう。家事分担を考えるときは、この場合のほうが難しいかもしれません。家計への拠出を同じとしたとき、家事の負担比率はどうするのか？　家事労働やその負担は計量化することができず、「対等」というのは感覚です。

　家計の負担、家事の分担、いずれも感覚として「対等感」を互いに抱けるかどうかが重要です。

結婚生活のいろんな決め事には、プレゼンテーションが意外と効果的？

生活のルールや家計の拠出比率といった重大なテーマだけでなく、日々の生活は、「今日、なに食べる？」「夏休み、どこに行こう？」といったささいなことまで、なにかしら選び、決めていくことの連続です。もちろん、そこにはあなた自身にも通したい希望や要望は当然、あるでしょう。

「結婚式までの段取りや引っ越しの手順など、なにかあるたびに、とにかくまず真っ先にエクセルを立ち上げる」というような理系男子が相手ですから、やはり、そこは論理的に攻めるのがいちばんです。

大学のＴＡ（助手）をへて、プログラム開発のベンチャーを立ち上げた男性との結婚が決まった女性。式については、「互いに派手なことはしたくない」と意見は一致し、食事会と写真撮影ですませることになったそうです。

式を挙げるのに比べ、決め事は少ないものの、写真撮影だけでも2万〜3万円でできるものから、20万円以上するコースまでさまざまです。彼女は、それぞれのコースを比較検討。その結果をパワーポイントにまとめ、彼に自分の希望を提案したそうです。それは彼からも「わかりやすくて、いいね」と好評で、自分の希望の写真を撮ることができたと言います。

そして、結婚生活でも、なにか決め事があるときはやっぱりプレゼン。先日は「加湿器が欲しい」と彼からの提案があり、「加湿器には気化式、超音波式、スチーム式のおもに3種類があり……」といった特性の解説を踏まえ、自分が欲しいメーカー・機種を提示。「家計からの捻出を認めてもらえないでしょうか?」と言われたそうです。

「いちいち、めんどくさい!」と思うかもしれませんが、2章でお話ししたように、理系男子の思考は「回路」です。数学やコンピュータのプログラミングの世界では、最適な解を求めるために、アルゴリズムをつかって考えます。

どの撮影法がいいのか? どの加湿器がいいのか? 理系男子はその決断に根拠が欲しい、納得して、もっともいい答えにたどり着きたいと考えています。

理系カップルに話を聞くと、意外とこの「夫婦間プレゼン」を導入している人は多いようです。

「素敵よね」

「かわいいし、いいと思わない?」

そう言われても、「なにが素敵なのか?」「かわいいの定義は?」と考え込んでしまうのが理系男子です。パワーポイントやエクセルなどを使って文字にするかどうかは別にして、夫婦間プレゼン、要は、これこそ会話ですよね。

あいさつをしない研究室の常識ルール編

ある女性の職場でのエピソードから。今春、入ってきた工学部院卒の新人クン。仕事は一生懸命。なのに、「おはようございます」「お先に失礼します」のあいさつをいっさいしない。

周囲から「会社になじめてないのでは?」と心配の声が上がりはじめたので、この女性がやんわり忠告すると……彼は青天の霹靂とばかりに驚き、「言ってくださってありがとうございました!」とていねいに礼を述べた。

決して、この理系新人が非常識だったというワケではない。それまで彼が長く過ごした研究室では、あいさつをするという習慣がなかったのだ。それも、他のメンバーの作業を邪魔しないためという気遣いからできた暗黙のルール。トコロ変われば、〝あたりまえ〟も〝やさしさ〟のあり方も変わるというお話——。

5章

〝理系クンと仲よく暮らしたい〟

結婚生活編

結婚生活に
不安があったのは
どうやら
私のほうでした――
た
ただいま～
ぱん！
乾燥機付き洗濯機
お洗濯
CLEAR!
ゴウン
ゴウン
ウィィ
お掃除ロボ
お掃除
CLEAR!
ぱんっ！

高機能オーブンレンジ
サーモスタット付きトースター
食洗機
え? 家電が妙にスペック高いって?
そりゃー時短と家事軽減のためなら高スペックへの投資は必須でしょ?
時間はお金で買えませんからね!
ケチる理由なし!
基本中の基本ですよ?
あとはさ…開発者が苦労してつくった製品だから…
活躍させてあげなきゃ! って思うしね…
開発者魂もあり

最近、私のほうが遅いね…
お米さえ炊かなくてごめんね
え？無洗米に水入れてピッてするだけしかしてないけど？
今は忙しくない時期だし♪
シュー
ごはんも作ってなくて…
冷凍ストック駆使してやりくりするの楽しいけど？
デミソース
今日はコレとコレ♪
ハンバーグ
…ん？これは…何つくってんの？
レモンスライス
ほうれん草
ぐつ
ぐつ
ピピピ
あ、これはね

ほうれん草とレモンスライスを一緒にゆでるとレモンの皮に含まれるカルシウムが野菜のペクチンとむすびついて強い細胞の壁をつくるからシャキシャキした食感になって美味しくなるんだって——♪
Ca
pectin
きゃっ きゃっ♥
とあるサイトでみてずっとやってみたくてさー!!
えぁ うん…
いただきまーす …あっホント！ シャキシャキしてるし甘みもある！
へぇー
おっ さすが ゆい子女史 するどい ですね！
それはレモンのクエン酸がほうれん草のえぐみを感じにくくしてるのですよ！
OH
OH
OH
HO
OH
クエン酸
ハァ
ハァ
あ うん こんどはクエン酸ね…
科学ネタ
しゃべれると
うれしい

よしっ
9時ぴったりに
準備できたぞっ！
カチッ
ハンバーグ♡
やさいの
チーズ焼き
ピーピー
ピロリラ〜
おひたし
ぴったり
計算どおりに
家事ができたときって
なんか「勝った!!」
って気がして
うれしいんだよね〜♪
ほく
ほく
…そんな
料理の楽しみ方も
あるんだねェ…

妻の実家にて――
えっ? コレっ? 洗濯機のカビとり☆
業者にたのむと1万円以上かかるらしいから自分でやってみた♡
…洗濯機ぶっこわしてるのかと思った……!!
買い換えようか相談したらやってくれたのよ…
ゆい子母
イイ汗 キラッ
たのもしいダンナさまねェ ゆい子

こんなご時世なのに、男性の家事労働時間が少ないのはなぜ？

男性の家事労働時間が少ないことには、学問上、3つの仮説があります。ひとつは男性のほうが労働時間が長いこと（労働時間仮説）。2つめが、男性の平均賃金が女性より高いため、女性が家事をやったほうが合理的だという説（相対賃金仮説）。そして、「男は仕事、女性は家庭」という伝統的な規範の存在（伝統規範仮説）です。

欧米などの諸外国では、これらのどれかが当てはまることが多いのですが、日本では3つすべてが当てはまると言われています。

日本では規範が先にあったの？　と思う方もいるかもしれませんが、それは卵が先かニワトリが先かみたいな話で、あるとき突然、規範が生まれ、社会が変化していったというのはなかなか説明が難しい。

階層差が大きい社会では、一般的に女性の役割は身分の低い者に代替されます。東南アジアの国では、上層階級の家庭にお手伝いさんがあたりまえにいます。かつての日本も、中産階級であれば使用人がいるのは一般的でした。

使用人がいなくなり、母親が育児を担うようになるのが、1910年代～1920年代の都市部。子育てが母親だけの役割になったのは、これ以降の現象です。しかし、家事全般となると、農村部ではもともと炊事を女性が担当することも多く、「女性が家事をやるべき」という規範の起源がどこにあるのかは、はっきりとはわかりません。

ひとつだけ、明確にさかのぼれるのは、「良妻賢母」主義のルーツです。良妻賢母は、高等女学校の教育規範として重視されたもので、その誕生は1899年の高等女学校令に見ることができます。高等女学校は尋常小学校を卒業したあとに進む学校で、中流以上の階層が高い家の女子が行く学校です。

良家の子女が高等女学校で「良妻賢母」の教えを受けていったことが、4章で述べた主婦とサラリーメンの誕生という、1920年代前後の変化と関係しています。

そして、現代の日本ではいまだ、家事労働＝女性の仕事という認識が強固です。私は家事をほぼ半々にすることが、共働きの夫婦のあるべき姿だと考えています。半々の負担だったとしても、男性は「すごいね」「いいダンナさんだね」と言われ、女性の側は「家事、半分しかやってないんだ」と非難めいた言われ方をする。女性が一方的に背負わされたハンデの存在は忘れてもらいたくないと思っています。

理系男子の夫の家事は、計算上「時給5000円」に相当する？

現在、理系に限らず、首都圏および関西圏の大学生の母親というのは、専業主婦である確率が日本の平均値より高くなります。アッパーミドルほど専業主婦である可能性は高くなるので、婚活市場でスペックのいい理系男子をつかまえると、お母さんが専業主婦というケースは少なくないはずです。

こうした場合、姑に、女性が働くことへの理解がなかったり、結婚相手となる理系男子当人が「子供の世話はやっぱり母親じゃなくっちゃ」と平気で言ったりする。こうした専業主婦の母親に育てられ、家事＝女性の仕事という家事分担規範を強固にもっている男性の意識を変えるには、どうしたらいいのでしょうか？

「おためし婚」もひとつの方法ですが、「家事のお値段」からわかってもらうという手もあります。

妻が出産時に仕事をやめた場合、働き続けた場合と比べて生涯収入で1億～2億円の差が出ます。

「あなたの家事の時給はいくらになると思う？」と聞いてみればいいのです。

女性が家事や子育てのために正社員就労をあきらめたとします。夫が1日2時間の残業をしたとしても、増えるのは、せいぜい夫の残業代だけです。妻は、できてもパート程度。

しかし、夫が1日2時間家事をすることにより、女性の正社員就労が可能になります。フルタイムで働けるようになり、たとえば、350万円なりの年収が入ってくるわけです。1日2時間で年間350万円。単純計算で時給は約5000円になります。

「年間350万円、残業で稼いだら死ぬでしょ?」

そうほほえんでみてはどうでしょうか? まずは、通勤時間0分、時給5000円のおいしいバイトだと発想してもらえばいいのです。

多くのフィナンシャルプランナーも指摘するところですが、今、もっとも安定していて確実な金融商品は「妻の就労」です。それはそうです。年間100万円単位で確実に儲かる金融商品なんてありえません。

妻の、とくに正社員での就労継続は、どう考えても、もっとも安定した家計運営につながります。そのための夫の家事労働です。計算が得意で、合理的・論理的な理系男子なら、只野さんのように理解してくれる人も多いのではないでしょうか(83ページ)。

「家事は手伝うものではない」ことを理系男子に意識させる5つのステップ

　ある研究職の男性は結婚するとき、仕事を続けるべきかどうか悩んだパートナーにこう言ったそうです。

「ボクは家事を委託するために、キミと結婚するんじゃない」

　このご夫婦の場合、家事のメインは女性だそうですが、基本、「最低限のことをすればいい」というルールを決めたそうです。多少、部屋が散らかっていても、目をつぶる。洗濯物はカゴを別にして、それぞれが自分の分は自分でやる。そして、料理はしたいときにする——。

　この男性には、そもそも夫婦で家庭をつくっていくという意識があります。こういう男性ばかりならば話は簡単なのですが、残念ながらみながみな、そうではありません。

　ちょっと朝、ゴミを出したくらいで、「家事を手伝ってる」なんて言ってしまう男性もいます。悪気はないのでしょうが、妻がまとめたゴミ袋を集積所まで運ぶ作業は家事ではなく、単なるゴミとの散歩です。そもそも、家事は「手伝う」ものではありません。

　家を守るのが女性の仕事と考える男性の意識を変えるのは大変なことです。その意識改革のため、男性にスタートラインに立ってもらうために、私は次の5ステップを提案しています。

ステージ0　家事は「手伝う」ものではないという意識
ステージ1　ゴミ出しは家事未満
ステージ2　皿洗いをしよう。ここから家事のスタート
ステージ3　休日、ママは外出。昼ごはんに挑戦。レトルトカレーでもOK
ステージ4　ママは一泊旅行に。休日の夕飯を作る
ステージ5　平日の夕飯にチャレンジ。子供と一緒に楽しみながら

ステージ2の皿洗いは、食洗機の購入でもかまいません。大切なのは女性の負担軽減です。化学系メーカーに勤める男性は、食洗機の価格と耐用年数、導入によって家事から解放される時間から、「時短パフォーマンス」を計算し、即座に導入を決意したそうです。理系男子の好きなテクノロジーの力が使えるところはフルに使えばいいのです。

そのためにもまずは5つのステップを踏みながら、日々、営んでいる生活はどんな家事労働に支えられているのか。これを男性に把握してもらうことが大切です。

理系男子にムリなく家事参加させるヒケツ、それはまずは朝から始める

ワーク・ライフ・バランス（ＷＬＢ）を重視する会社は、まちがいなく増えています。しかし、そうはいっても現実は、ＩＴ系をはじめ残業はあたりまえといった会社も少なくありません。夫に家事参加の意識はあっても、現実的に時間がない……という人もいるでしょう。

理系男子だけでなく、人それぞれ仕事のスタイルがあり、家事に参加できる時間帯に違いはあるのですが、私自身が保育園への送迎をしながら見ていて多いのが、朝の送りをお父さん、お迎えがお母さんというパターンです。

朝は、男性の家事参加の絶好の時間です。どんなに忙しい仕事でも、朝6時に出社しろという会社はあまりないはずです。朝食は、帰宅時間が遅い父親が家族と食事時間を共有するための重要な機会となります。

そして、もう少しがんばって、朝ごはんづくりを男性が担当するのです。献立を考えるのが大変という人は多いですが、朝食にバリエーションは必要ありません。また、料理の技術もいりません。朝食づくりは、早起きということ以外は、けっして難しい家事ではないのです。

ごはんは、前夜、炊飯器に無洗米と水をセットしてタイマーをかければ終了。あとは、みそ汁

と納豆だけでいい。トーストなら卵焼きとソーセージが用意できれば十分です。

バタバタと忙しい朝にごはんをつくってくれて、保育園へ送ってくれたら、女性としても「十分に貢献してくれている」感を抱けるのではないでしょうか。

「そうは言っても、朝は厳しい」というようでしたら、前項の「ステージ3」で紹介したように、日曜日の昼ごはんだけでもいいから作ってもらう。日曜日のお昼は、パパがコックの「パパランチ」というふうに家族のイベントにしてしまうのです。

メニューは、チャーハンでもなんでもいいのです。ランチならば一品だって大丈夫です。ホットプレートをベランダに出して、焼きそばを子供たちと作れば、イベント感も出て、きっと盛りあがるでしょう。

これは「おためし婚」期間、ふたりの生活が始まったときにチェックしておくことでもありますが、ポイントは、家族のために朝、時間をつくろうとしてくれるか？　週末のごはんをつくろうとしてくれるか？　つまりは、家族と向き合う姿勢があるかどうかです。

もし、あなたのパートナーが、残念ながらそうでないならば……前項、「ステージ0」から出直してもらいましょう。

理系男子あるある図鑑⑤

恋愛も〝行間無視〟の結論がすべて編

「今日はいいお天気ですね」「寒くなりましたね」……。こうした世間話に明確な目的と成果があるわけではない。新しい知見を見出すきっかけになるわけでもない。しかし、そんなぼんやりとした会話のやりとりが、人とのコミュニケーションの多くを占める。しかし、効率と結果を重視しがちな理系男子には、まどろっこしくもあるようで……。やりとりの過程に生じる〝トキメキ〟こそが醍醐味の恋愛に対しても、「時間のムダ」と断言する人（薬品メーカー研究者）も。

「いいなと思ったら、まず結論ですよ。『俺、君のこと好きだけど、どう？』って。『カラダ目当て？』と嫌われることもありますけど、結果的にやることは同じ。それのなにが問題なのか正直、わからないんです」

6章

〝理系クンとかわいい子供を育てたい〟

育児編

子供も授かりました
6ヶ月突入～!!
ただいまーー
赤ちゃん用品買ってきたよ!
わさわさ
ありがとー!
比較検討するためにあらかた買ってきた
ゴン
ゴン
「あらかた」?
各社おむつ!
ズラリッ
ムー◎ー
マ◎ーポコ
メ◎ーズ
パン◎ース
グ◎ン

「伸縮性」「吸水性」「コスパ性」を調査して比較検討のうえベストなものを我が子に与えたいと思います！
伸縮性
吸水性
1296円÷68枚 =19.0588…/枚
コスパ性
えーと… 赤ちゃん楽しみ…なのね？
そして…
ほえー
ほぎゃー
3月
よしよしー
ハーイ お乳よ
僕の選んだおむつ良さげ？
やばっ もう会社行く時間!!
いってきます!!
ドタドタ…
うんうん
いってらっしゃーい

4月
5月
ギラ
ギラ
ふ――
赤ちゃんと
いると
一日あっと
いう間だな――
仕事してる
ときと
時間の流れが
違うみたい
6月
7月
8月
どんどん
月日は
流れ…
フゥ
フゥ
ミーーン
ミーーン
仕事…か――
そーいえば私の
育休って1年だから…
あと半年後には
もう職場復帰
なんだっけ…
ミーーン
ミーーン…
○○保育園
ぐー
そしたら
この子は
保育園に？
どこの？
どうやって
申し込む
の？
そもそも
入れるの？
時短で通勤して
お迎えとかできる？
もや…
もや
保育料って
いくらくらい？
大丈夫
かな…？
…理くんと
相談
しなきゃ！
フゥ
フゥ

ただいまぁ〜
繁忙期…
あ、おかえり 理くん
あのさ 私 来年の春から仕事復帰するじゃない？
うん？
それで 保育園とか… どーする!?
どうするって 入れるんでしょ …？
入れるかな …？
わかんない…
…どこの 保育園が いいかな？
わかんない…
保育料って いくらかな？
待機児童とか…
園への お迎えは どうしよう？
わかんないなー
とりあえず 今日はもう 遅いから おふろ入って 寝ます
イラッ

「わかんない」じゃなくて！
もっとちゃんと考えてよ！
大事な
ことなのに——
そーゆー態度って
無責任じゃない!?
僕の知らない
事柄だからこそ
「わからない」と
言っている！
キッ！
それとも
知らないことに対して
テキトーに
無責任な返事を
してほしいわけ!?
なにそれっ
そんなこと言ってない!!
一緒に考えて
ほしいんだってば!!
だから
そんな急に
知らないことを
矢継ぎ早に
質問されても
答えられる
わけない
今日は遅いし
寝るべきだ
だっていつも
忙しくて
帰り遅いじゃない！
なによ！
相談に
のってくれない
ってわけ!?

パワポで質問事項をまとめてくれれば
回答します！
パワポ…!?
ホントだね!?
ホントだっ！
ジャ
ちっくしょぉぉ〜〜!!
夜泣き…
ふぇえ〜ん
あっハイハイ
おっぱいね
翌朝
おはよ…
ふぁー

徹夜で作ったらしきパワポ資料
保育料
送迎
ぐー
乳まるだし…
壮絶…
出勤前にそーっと…
カチャ
カチャ…
さっ
すー…
ぱたん…
いってきまーす…
…理くん…
子供が生まれてからお互い忙しくて…
仲良くしゃべってない——よね？
むにゃ…

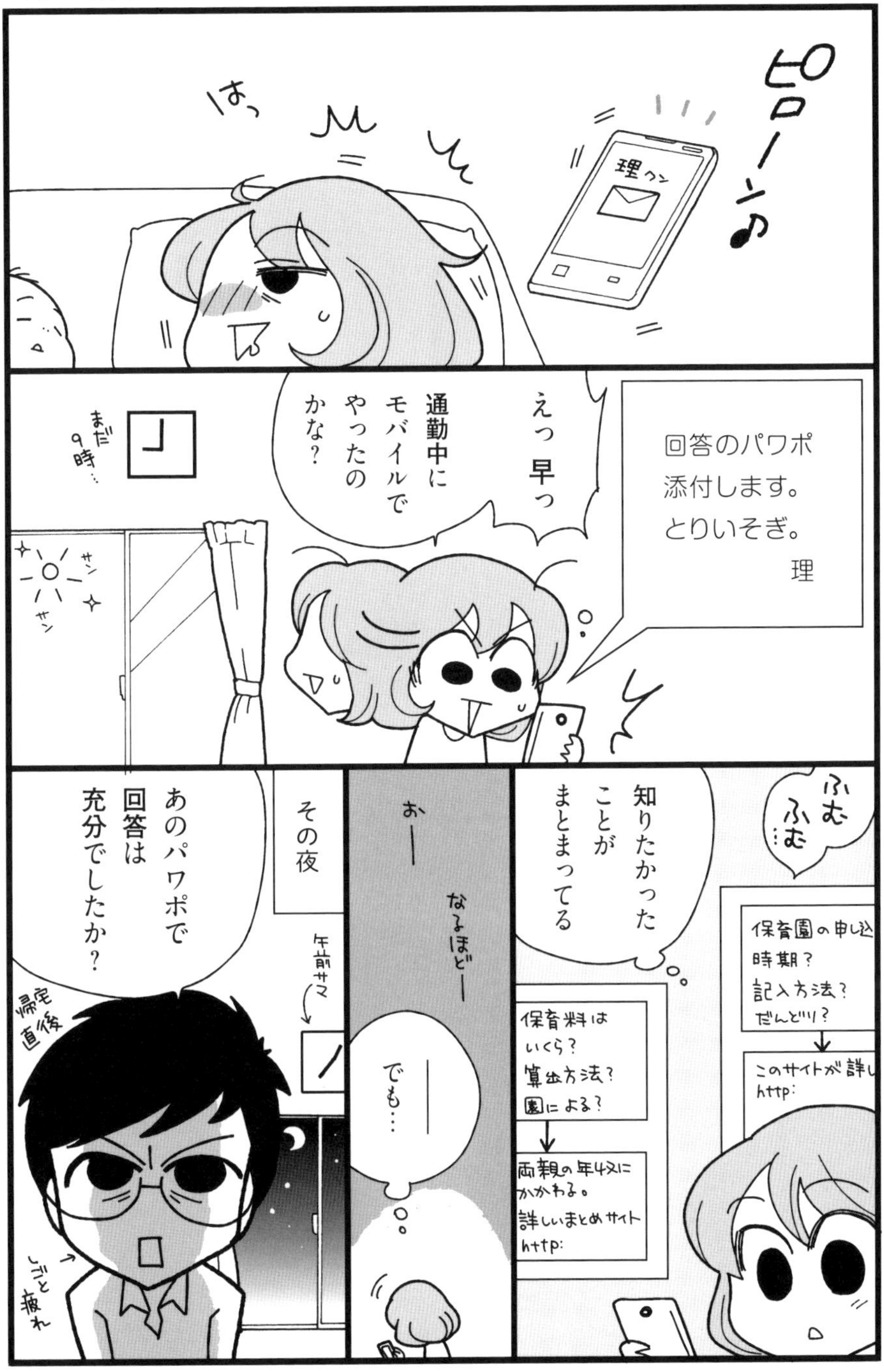
ピロリ～ン♪
理クン
はっ
回答のパワポ
添付します。
とりいそぎ。
理
まだ9時…
サン
サン
えっ 早っ
通勤中に
モバイルで
やったの
かな？
ふむ
ふむ…
知りたかった
ことが
まとまってる
保育園の申し込
時期？
記入方法？
だんどり？
このサイトが詳し
http:
保育料は
いくら？
算出方法？
園による？
両親の年収に
かかわる。
詳しいまとめサイト
http:
おー
なるほどー
でも…
ーー
その夜
午前サマ
あのパワポで
回答は
充分でしたか？
帰宅直後
ドゴと疲れ

知りたかった ことは よくわかったよ
けどね
びくっ!!
「けど」!?
ダメでしたか!? 僕パワポ資料 つくるのは けっこう得意でしたが リテイクですか!?
どこに何が どう不足して いた!? そこんとこ 詳しく!!
ゆさ ゆさ
いや そーじゃ なくて パワポで意見を プレゼンするのも 効率よくて いいんだけど——
私は理くんと 向き合って おしゃべりも したいな——…
って 思ったりも …して…
なんて…
あはは

処理中…
ジジジ…
では今後「とくに答えはでなくてもいいコミュニケーションとしてのおしゃべりを楽しむ時間」を設けるようにしましょう…
そっか そーゆー時間って決めてた方がいいのね?
くすっ
自分とは違う人とも
向き合って歩み寄っていけるようになりたいと
理くんは思ったのでした

育児休暇を取ると昇進・昇給が消える「マミートラック型企業」にご用心

本書のメインテーマである理系男子の話から少し脱線しますが、育児がテーマの本章のはじめに、女性の子育てと仕事の両立についてお話ししたいと思います。

意外に思われるかもしれませんが、子育て支援が行なわれていて「育児休業が取りやすい」企業が、必ずしも、「女性が働きやすい会社」とは限りません。

「女性が働きやすい会社」には、男女を平等に扱う〝均等支援〟と、子育ての〝両立支援〟のふたつの軸が必要です。この両方を兼ね備えた企業こそが「ワーク・ライフ・バランス（WLB）重視型」企業で、均等支援も両立支援もない企業は「昭和化石型」企業、均等支援はしつつも両立支援のない企業は「モーレツ型」企業と言えます。

そしてもうひとつ、注意が必要なのが「マミートラック型」と呼ばれる、両立支援はあっても均等支援が薄い企業です。

マミートラックとはアメリカで生まれた言葉で、日本語に訳すなら「お母さんの線路」。子育てと両立はできるけれど、昇進・昇給はしない（できない）という働き方です。

こうした働き方を本人が望むのであれば別ですが、女性が育児休暇を取得したとたん、昇進・

昇給をあきらめざるをえない「マミートラック型」の働き方に追いやられてしまうのは問題です。

このタイプの企業は「キャリアを累積で計る」という特徴があります。入社して何年間、どこの部署にいて、その後、何年間どこの部署にいて……といった積み重ねを重んじる。そのため、出産と育児で1年間休んだとたんに、その後、どんなにがんばってもその穴を埋めることはできなくなってしまうわけです。

しかし、育休から復帰して5年後にその人が出した成果は、その人の実力によるもので、5年前の育休なんて関係ありません。それを、評価できないのがマミートラック型の会社で、女性をまったく活用できていないわけです。

育休の翌年にF評価から始まるのはしかたない。仕事をしていなかったのですから、やむをえないかもしれません。でも、本来、その人の能力を正しく評価したのであれば、5年後もまったく変わらないというのはおかしいですよね。しかし、じつは日本の大企業に、このタイプが多いのです。

マミートラック型の企業は女性の管理職が少なく、いたとしても未婚か、結婚していても子がいないケースが多い。あなたの会社はマミートラック型ではないですか？

「立ち会い出産」は、理系男子に夫婦の〝共有意識〟をもたせるチャンス？

仕事は不規則、忙しい理系男子をパートナーとして妊娠したあなたは、「出産は実家が安心かな……」なんて考えるかもしれません。

あるベビー用品メーカーが行なったアンケート（2007年／コンビ）を見ると、「里帰り出産をした、またはする予定」と答えた人は半数を超えています。

しかし、「里帰り出産」は、日本でも儒教文化圏でも、けっして伝統的なものではありません。おそらく、高度経済成長期、核家族化が進む中で出てきて、普及していったものではないでしょうか。

私は、この妻が実家に帰って出産する「里帰り出産」は、そろそろ時代遅れになってほしいと願っています。

各自治体ではほぼ必ず、妊娠中の女性とその夫を対象にした講座が開かれています。

これらの講座はほとんど少人数の体験型です。重い袋をおなかにつけた疑似妊婦体験や、生後すぐの赤ちゃんと同じ重さの人形を渡されて、その重みを確かめたり、お風呂の入れ方を教えてもらったり、そんな内容です。

そこで教えられる一つひとつの技術は、わざわざ受講しなくても習得できることとです。でも、大事なのは技術ではなくて、夫婦で「共有」することにあります。

「彼女は今、こんなに重いものをかかえているのか⁉」と知ることはもちろん大切ですが、いちばんは時間とイベントを共有し、夫婦一緒に子供の誕生を心待ちにすることにあります。

そういう妊娠期間をすごすと、夫不在の「里帰り出産」に不自然さを感じるでしょうし、「出産の立ち会い」が発想として自然と出てくるのではないでしょうか。

立ち会い出産は、男性が女性と出産の痛みと喜びを共有する重要な機会です。アメリカでは私の知る限り、立ち会いをするかどうかなど聞かれることなく、逃げ出しでもしなければ立ち会いです。男性の立ち会いは、きっとその後の彼の育児の姿勢にも影響を与えるはずです。

2008年、当時レッドソックスに所属していた松坂大輔投手は、メジャー2年目の公式戦初先発が決まったとき、第2子の出産立ち会いを優先すると宣言しました。公式戦初先発、しかも、このときは東京ドームでの凱旋登板です。それでも、登板よりも出産。

子供の誕生より大切な仕事なんて、そうそうないと私は思っています。

夫の「産休」は、じつは妻の産休、育休の予行演習

2010年、南アフリカで開催されたサッカーのワールドカップで、強豪イタリアを3対2で破り、同国初の決勝トーナメント出場を果たしたスロバキアの監督は、その勝利インタビューで、こう語りました。

「今日は私の人生の中で息子が生まれたのに続いて、2番目にうれしい日だ」

大切なことなので何度も言いますが、私は、家族の誕生と死以上の大事件はないと思っています。その大事件のひとつ、子供の誕生に夫が立ち会い、あの瞬間の痛みと喜びを共有するというのは、そこから始まる子育てにも重要なことです。

親族の葬儀や喪に服するためのお休み「忌引」は、あたりまえに認められていますが、じつは、労働基準法には記載されていません。それがなぜ認められているのかというと、「社会的に認知された休暇」だから。

法令上の根拠がなくとも、多くの企業で就業規則に盛り込まれていますし、よほどのブラック企業でなければ、親の死んだ翌日に「出社しろ！」という会社はないでしょう。

つまり、なにが言いたいのかというと、夫の産休というのは、忌引と同程度に社会的に認知さ

れていいのではないかということです。

親の死ぬ予定日というのは厄介なもので、余命1年と言われたとしても、いつ死ぬかわかりません。一方、子供の生まれてくる予定日というのは、親の死よりはるかに確実で、半年前にはわかっているものです。

予定日をすぎたとしても、長くて2週間。逆に、臨月より前になったら、これはまた別の一大事です。

予定日の4週間前からはいつ陣痛がきてもおかしくない状態になりますが、そのことは半年前にわかっているわけです。「この4週間のどこかで、私は電話1本で5日間、休みをいただきます」と宣言し、予定日が近づく中で準備をしておけるはずです。

忙しくて、真面目な理系男子のことです。有休なんて使いきっていないでしょうから、その5日分と土日の1週間を使って「産休」を取ればいいのです。これに必要なのは、周りの社員の理解だけ。同世代の社員がいたら、お互いさまで、上司に話して協力しあえばいい。夫の産休は、本人の決断と周囲の理解だけでできることなのです。

この産休の1週間は、続く妻の産休育休期間の絶好の予行演習にもなるはずです。

じつは男性も取れる育休制度、手取りとほぼ同額が入るカラクリとは？

現在、育児休業を取る男性はどのくらいいると思いますか？

2014年度の雇用均等基本調査（厚生労働省）によると、その割合は2・3％。アンケート調査をすると、1割くらいは「ぜひ取りたい」と答え、「できれば取りたい」という人もかなりいるにもかかわらず、残念ながら現実はこの程度です。

「彼の会社には男性の育休システムがない」と思っているかもしれませんが、育児休業は子供が生まれた労働者に認められた休暇です。

入社して日が浅いなど例外はありますが、正社員として雇用され、1年がたっていれば就業規則に記載がなくても取ることができます。育休を取る男性がいないのは、「これまで前例がない」といった慣習上、取れない、取りにくいというだけなのです。

ご存じのとおり、政府は女性の活躍を推進していて、男性の育休の取得率についても「2020年に13％」と目標を掲げています。そのため2014年度から制度が改正されました。とてもよくできた制度になっているのですが、あまり知られていないので、ここで簡単にご説明します。

女性の場合、産前6週＋産後8週が産休で、育児休業は原則1歳まで取得できます。男性は、出産の日から満1歳の誕生日までが育休を取れる期間になっています。そして、共働き夫婦が父母ともに育休を取る場合、「パパママ育休プラス」という制度があり、1歳2か月まで延長して取得することができるようになっています。

男性が育児休業を躊躇する理由のひとつに大幅な収入減への心配があるかと思いますが、育休を取っている間は、雇用保険から支給される「育児休業給付金」があります。

その額は、6か月間まで育休前6か月間の平均賃金の67％（6か月以降は50％）。

その間、所得税はかかりませんし、社会保険料も払ってもらえます。額に上限がありますが、ほとんど（手取りが30万円以下）の人にとっては、休みに入る前の手取りとほぼ変わらない額を、収入の高い人で8割程度のお金を受けとることができます。

育休明けにすぐにやめてしまう女性も少なくないため、支給額の一部が育休終了から6か月間、継続して働いてからの支払いとなるため、短期的なやりくりは必要です。

しかし、男性が育休を取ることによる経済的な心配は、制度の充実によってほとんどなくなっているのです。

男性が育休を取るタイミングは、「生後半年から8か月すぎ」が理想

男性が育休を取るタイミングですが、半年間取ることができるのであれば、私は生後半年～8か月すぎくらいからの取得がいいように思います。

この時期になると、赤ちゃんは離乳食期に入っていきますので、食事の準備が少し大変になります。でも、最近は市販の離乳食も充実しています。離乳食づくりに必死になる必要はなく、出産から1年、あるいは1年2か月後の女性の職場復帰に向けて、「新しい家族」の生活をつくっていく期間とすべきです。

もちろん、育休取得には上司や周囲との相談が必要で、突然、「明日から休みます」なんていうわけにはいきません。しかし、出産は少なくとも半年前からわかっていることです。夫婦で話し合っておき、「この時期に休みたい」と会社に打診・申請を出しておくことはできるのではないでしょうか。

マンガ『理系クン』でも、N島さんは事前に大きなプロジェクトのメンバーから外してもらうことで、半年間の育休を取得しています。

もちろん、仕事のリズムは理系職でもいろいろ。やっぱり半年は難しい……という人も多いか

と思います。でしたら、せめて1か月。1週間では、あまり意味がありません。丸々1か月、家にいると家庭の家事がどう回っているのかをすべて経験することができます。これにより、男性の意識はガラリと変わるはずです。

1か月の休暇を取るのは、そんなにハードルの高いことではないでしょう。交通事故で骨折して1か月入院とか、メンタルの調子がわるくて1か月休職とか、珍しい話ではありません。前例がないところで、いきなり「半年の育休を」と言われたら会社も身構えるかもしれません。でも、1か月というのは実現可能なラインだと思います。

育休中だって、パソコンやスマホを使って、会社とのやりとりはできます。半年がムリなら、せめて1か月の育休を！　というのは、男性の育休をあたりまえのものにする第一歩として推奨したいところです。

半年以上前からわかっている1か月間の仕事のあんばいはできるはずです。社員1人抜けただけでまわらなくなるような職場は組織としておかしいし、そのくらいの段取りができない、あるいは1か月休んだだけでキャリアが危ぶまれる男性は……そもそもの仕事ぶりが心配です。

子育ては「不測の事態だらけの仮説検証」、だからこそ理系男子に向いている？

私はよく赤ちゃんに首のマッサージをしてあげていました。赤ちゃんは体に比べて大きすぎる頭を支えているので、首がこりやすく、はっているので、やさしくもみほぐしてあげると、とても気持ちよさそうな表情をします。

その昔、愛犬にも同じように首をマッサージしたことがありました。イヌも気持ちいいのか、もういいだろうと手を離すと、「もっと、もっと」と言うように、前足でカツカツと地面をかいていました。

で、赤ちゃんも首のマッサージ中、手を止めるとまったく同じことをやるのです。催促の仕方がイヌと同じで、「ああ、これは言語なんだ！」と感心したことを覚えています。

つまり、子育ては壮大な人体実験だということです。こういう表現を不快に思う方がいるかもしれませんが、育児は仮説検証の連続です。これは、理系男子の本領発揮と言えるのではないでしょうか？

よく、「第一子の写真は多い」と言われますが、できなかったことができるようになるというのは、ものすごいことです。寝返りが打てた。ハイハイができた。立つことができた……子育ては、その連続です。それに立ち会えるというのは、じつに幸せなことです。

これは赤ちゃんのときだけではありません。

私は子供が初めて25メートルを泳げたときのことを鮮明に覚えています。別にどうってことはない話で、練習を続けていたら、いつかは泳げる距離です。「だから、なに?」って言われたら、返答のしようがありません。

それでもやっぱり、彼女が初めて25メートルを泳ぎきった瞬間、「すごい!」とひとりで盛り上がりました。

理系男子はコントロールできないものが苦手だと言われたりもします。しかし、予測ができないのが子育てです。そこにはよろこびもあれば、そうではない感情をもたらすこともある。

相手は生ものの人間、パソコンとは違う。「コマンド」を入れてもそのとおりに動くものではないということを、子育ては痛感させてくれるはずです。子育てにおける仮説検証・観察は、不測の事態も解釈できる「パッチ」を、理系男子に与えてくれるのではないでしょうか。

不測の事態のない人生などなく、だからこそ人生は楽しい——。子育てを含め、日々の生活でそんなふうに私は思っています。

理系男子あるある図鑑⑥

ミラーレス一眼カメラがほしい？
キミはそんなに写真撮ってる？
ミラーレス一眼カメラは5〜7万円
1枚あたりいくらになるのその写真？
ずい
ずい
……
「一枚あたり」……!?
しかも撮る前から……

スマホの写真さえスペック、コスパ命 編

パソコンにガジェット類、家電、おむつにいたるまで、スペックとコスパのチェックに余念がないのが理系男子。カメラが欲しいと悩んでいる彼女に、あるIT系理系男子が提案したのが、iPhoneのカメラロールに保存されている写真データ数あたりのお値段だった。

「そんなに写真を撮る習慣あったっけ？ 欲しがっているミラーレス一眼は、5〜7万円。今までと同じ頻度で撮影したとして、その写真、1枚あたりいくら？」

　性能に応じた価格という意味でのコスパ計算ではなく、カメラの利用頻度からのコストパフォーマンスを問われ、買う意味があるかどうかまで詰められた彼女はビックリ。

　とはいえ、そんなツッコミもなんとなく聞きつつ、カメラライフを楽しんでいるとか。

愛しの理系男子と幸せになる方法、教えます

高世えり子×瀬地山 角〈特別対談〉

頭脳明晰、理知的、理論的なのに、どこかトンチンカンな理系クン。そんな彼らの中身がすこしわかったところで、「おわりに」にかえて、この本をつくった二人に理系クンとさらに幸せになる秘密を聞いてみました。

高世　今回、こういう形で一冊の本にまとまって、先生の部分は、夫のN島と「そうそう！」と言いながら読みました。普段、ふたりで「こういうことかな？」って話していることが、わかりやすく解説されていて勉強になりましたし、自分たちの生活についても気づくことがありました。

瀬地山　具体的にはどんなところですか？

高世　5章にある「家事へのステップ」は、夫の自己評価だとステップ3なんです。

瀬地山　『理系クン』を読むかぎりでは、N島さん、もっと家事をしているんじゃないですか？

高世　そうなんですが、私が一泊旅行に行き、彼が夕飯を作るということはやったことがないんで

すね。「まだ3だ……」と、ちょっとガッカリしていました。

瀬地山　実験で検証されるまで「合格」にならないんでしょうね。あのスキルなら、客観的には完璧にクリアなのに、N島さんとしては、「4（仮説未検証）」といったところなのでしょう（笑）。

高世　やればできると思うんですけどね（笑）。

瀬地山　今回、改めて思ったのは、理系男子の特徴って、私のような「論理クン」とかなり共通しているということです。理系男子のふるまいに、私自身、かなり身に覚えがありました（笑）。

高世　ひょっとしたら、男性はどこかしら、心当たりはあるかもしれませんね。

瀬地山　たとえば、一緒に散歩をしていて、「ちょっとコーヒー飲みたくない？」と言われたとき、理系クンや私を含めた論理クンは、「今、飲みたくないから後で」と言ってしまうんです。「休もう」という意味で言われているのが伝わらない。

高世　……心当たりありますね。

瀬地山　「コーヒーでも飲まない？」と、「でも」が入っていれば、話題の中心はコーヒーではなく、「休もう」と言われているんだと判断する確率はグンと上がります。でも、言う側は無意識に同じ意味として「コーヒー飲みたくない？」と言い、こちらは無意識に区別して、誤解が生じてしまう。

高世　私がニュアンスで伝えた気になっていることでも、改めて話すと、「そんな結論にはなっていない」と言われたり。そういえば、「旅行、行きたい」が伝わらなかったこともあります。

瀬地山　それはすごい！　「旅行、（一緒に）行かない？」って言わなきゃいけないのか。

高世　「誰と行くの？」と返されて、「目の前のあなたです！」って。

瀬地山　そこに自分は入ってないんですね（笑）。その違いはさすがに、わかるけどなあ。

高世　こうしたやりとりは、ずっとあるんだろうなって思います。たとえば、具合の悪い子供を見てもらいたくて、家事をしている彼に「替わるよ」って言ったんです。でも、家事を交代したら、ただボーっとしてたり（笑）。「具体的に言って」と言ってくれるんですが、そこまで言葉にしないといけないのかと思うと、それはそれで私自身、ちょっと苦しい……みたいなことはあります。

瀬地山　そのエピソードは、まだ彼が家事育児の全体像が見えていないからかもしれません。家事育児を全体から俯瞰する目がないと、「皿洗ったので先寝ます」的なことは起きがちです。

高世　子供の夜泣きで朝クタクタなのにねぎらってくれない、とかでケンカになったりもしますね。「早く寝たらいい」「何時間、睡眠を確保すれば大丈夫だ」とか、解決法を言われても……。

瀬地山　「お疲れさま」「大変だったね」でいいんですよね。

高世　その一言がほしいだけなんですけど、なかなか難しいですね。

瀬地山　本文でも触れましたが、やはり、『理系クン』に出てくる「魚類コード」のエピソードが、理系男子の恋愛を語るうえで象徴だと思うんです。

高世　マンガでは「想定外の外の外の外」と描きましたが、確かにものすごいビックリしました。

瀬地山　理系男子との恋愛において、最初の魚類コードは避けられない。でも、そこからが分かれ道なわけです。魚類コードをもらった瞬間、「ムリ」と関係をぶった切る女性もいるでしょうし、男性側が問題に気づかず同じことを繰り返し、いずれダメになってしまうケースもあるでしょう。でも、1回目で女性が言葉にし、男性も自分が外したことを理解し、2回目から修正していくという道もある。すると3回目、「想定外の外の外の外」はこないわけです。万が一、「想定外の外」くらいがきたとしても、女性の側には「この人は修正してくれる」という安心感がすでにある。アドバイスするならば、理系クンには、「次の選択を誤るな!」、女性には「そこがスタートですから、魚類コードを叩き潰して終わらないでね」ということですよね。

高世　女性の側も、黙っていないでとは思います。

瀬地山　言葉にしないで、「私のことをわかってくれない」と悩んでいるままでは、関係は終わってしまう。理系クンは「ちょっと変わってる」を肯定的な意味に捉えがちなので、言葉を濁すと、むしろ大満足してしまう。「カンベンしてほしい」というのを伝え、次にがんばってくれるかどうかでしょうね。

高世　今回、2章のマンガで描いた女のコも、不満を抱いたとき、「ヤダ」って言えていないんですね。女性が「いつかわかってくれる」という受け身のままだと難しいのかもしれません。

瀬地山　主人公の只野くんは、あそこで合コンでの出会いから映画デートをし、完全にフラれるまでに何度か地雷を踏んでいます。「太平洋戦争開戦までに、どこかで止められていたのではないか?」的な機会はいくつかあったんですが、サインをことごとく見逃している。

高世　周囲の理系男子に聞くと、お見合いをしてもマンガのような感じでうまくいかないことがあるみたいです。私はツッコミがてら、言っちゃうんです。もちろん、ダメ出しも聞いてくれる人でないと続かないでしょうけど、言うときはさっさと言ったほうがいいと思います。

瀬地山　専門の話を話されても、そこに興味が持てないとダメでしょうね。もちろん理解しなくてもいい。けれど、いっさいの関心が持てなければアラビア語を聞いているのと同じ世界ですから。

高世　完全に理解することや、討論できるぐらいの知識を求められちゃうとムリかもしれません。でも、理系の男性は、パートナーにその部分を求めているわけではなかったりするので。「互いにわからない」という部分でイーブンなんじゃないかな、って思いますね。

瀬地山　これは、理系文系、男女間に限らず、仕事を持つ人誰にでも起きる現象でしょうね。カメラマンの夫から、「この料理にこの皿はないだろう！」と皿にダメ出しをされた女性がいました。夫には夫の職業的に培われた美意識の世界があって、一方で、「仕事を家庭に持ち込まないで！」という女性側の気持ちも当然ある。どんな相手であっても、相手の領域を熟知する必要はないけれど、興味が微塵もなかったら対話にはならないし、押しつけてもいけない。大学の研究者が専門の話をしたら誰もついてきませんしね。まあ、学者同士で結婚しちゃうと、夫婦間でディスカッションし続け、ダブルベッドで午前2時までゼミかよ！　みたいなことになるんでしょうが（笑）。

高世　わからないことを知る楽しみもあります。互いの違いを理解すれば、あとは真摯に伝えればいい。人は変われるんです。そういえば、先生の原稿を拝見して、N島くん、インしていたシャツをいそいそとズボンから出してました（笑）。

高世えり子 たかせ・えりこ

漫画家

理系男子を夫にもち、その出会いから結婚、出産にいたるまでをユーモラスに描いたコミック「理系クン」シリーズで人気を博す。理系男子コメンテイターとしても知られる。おもな著書に『理系クン』『理系クン 結婚できるかな?』『理系クン 夫婦できるかな?』『理系クン イクメンできるかな?』(文藝春秋)ほか。

瀬地山 角 せちやま・かく

東京大学大学院総合文化研究科教授

世間のさまざまな現象を「ジェンダー論」の観点からとらえ、問題提議する社会学者として知られる。2015年2月21日放送「世界一受けたい授業～東大スペシャル～」(日本テレビ系列)では、現役東大生100人のアンケートで「人気教員1位」に選ばれる。著書に『東アジアの家父長制――ジェンダーの比較社会学』『お笑いジェンダー論』(勁草書房)。

理《り》系《けい》男《だん》子《し》の〝恋《れん》愛《あい》〟トリセツ

2015年11月30日初版

著者 高世えり子 瀬地山 角

ブックデザイン 寄藤文平(文平銀座)+北谷彩夏

構成 鈴木靖子

編集協力 青木里佳(風讃社)、小村琢磨(スナメリ舎)

発行者 株式会社晶文社 東京都千代田区神田神保町1-11
電話(03)3518-4940(代表)・4942(編集) URL http://www.shobunsha.co.jp

印刷・製本 ベクトル印刷株式会社

ISBN978-4-7949-6897-5 Printed in japan

好評発売中

普及版 考える練習をしよう
マリリン・バーンズ　マーサ・ウェストン絵　左京久代訳

このごろ何もかもうまくいかない。あーあ、もうだめだ！　この本は、そういう経験のある人のために書かれた本だ。こわばった頭をときほぐし、楽しみながら、新しい角度で問題や難題をみつめる。“考える”という行為の本質と解決策が見えてくる「ロジカルシンキング」の定番書

アイスブレイク　今村光章

新しい出会いのための技術それがアイスブレイク。マニュアル部分を大幅に増やし、選りすぐりの50項目を収録。写真、イラスト、図も多数収録し、よりわかりやすい構成に。マニュアル本をこえて、出会いの技術のヒントも多数含まれたアイスブレイク決定版

ランニング思考　本州縦断マラソン1648kmを走って学んだこと　慎泰俊

民間版の世界銀行を目指す起業家が、過酷なウルトラマラソンの体験から得た仕事と人生の教訓。いかなるマインドセットでレースに臨み、アクシデントをどう乗り越えるか？　日頃のエクササイズはどうするか？　読者の「働く」「生きる」を変えるかもしれないエクストリームなマラソン体験記

「ありがとう」がエンドレス　田口ランディ

高校生から大学生になってひとり暮らしを始めるというのは、人生のなかで一番刺激的で楽しい時期。この春、一人娘を大学へ送り出した著者が、人間関係のルール、自分とのつきあいかた、学ぶことの意味、恋愛について……いま伝えたいことばをまとめた。母から娘たちに渡すことばの贈りもの

不器用なカレー食堂　〈就職しないで生きるには21〉　鈴木克明・鈴木有紀

世田谷・桜新町、古い一軒家、〈インドカレー食堂　砂の岬〉。緑の扉の奥からは、なにやらただならぬスパイスの香りが……。“新世代カレー店”の旗手は、どのように誕生し、運営しているのか？　自らのスタイルを貫きながら、理想の味と心に残るサービスを追求する、インドとカレーに魅せられた夫婦の物語

偶然の装丁家　〈就職しないで生きるには21〉　矢萩多聞

中島岳志さんや森まゆみさんの著作をはじめ、数多くの「本の顔」を手がけてきた。学校や先生になじめず中学1年で不登校、14歳からインドで暮らし、専門的なデザインの勉強もしていない。ただ絵を描くことが好きだった少年は、どのように本づくりの道にたどり着いたのか？

荒野の古本屋　〈就職しないで生きるには21〉　森岡督行

写真·美術の古書を専門に扱う「森岡書店」。国内外の写真集·美術書マニアから熱く支持され、併設のギャラリーは若いアーティストたちの発表の場としても注目されている。小商いのあり方として関心を集める“古本屋”はどのように誕生したのか⁉